Peter Maria Schnurr

Süddeutsche Zeitung Edition

Bibliothek der Köche

Peter Maria Schnurr

Text: Ingo Swoboda
Fotografie: Bernd Grundmann

Süddeutsche Zeitung Edition

Bibliothek der Köche

Sylt

Rostock-Warnemünde

Hamburg

Osnabrück

Hameln

Leipzig

Köln Bergisch Gladbach

Frankfurt am Main

Stromberg Mainz

Bayreuth

Naurath/Wald

Nürnberg

Zweibrücken

Herxheim

Stuttgart

München

Tegernsee

SACHSEN

○ **Berlin**

DIE BIBLIOTHEK DER KÖCHE

INHALT

INHALT

INHALT

INHALT

Peter Maria Schnurr

Die nach oben drängende Geschwindigkeit spürbar in der Magengegend, surrt der Aufzug bis in die 27. Etage. Endstation. Doch was sich nach dem lautlosen Öffnen der Türen dem Besucher bietet, übertrifft bei weitem das Erwartete. Nicht nur der grandiose Panoramablick über Leipzig, aus dessen Häusermeer markante Türme und blitzende Dachhauben herausschauen, beeindruckt, auch das puristisch-mondäne Interieur des schicken Restaurants mit Bar vermittelt bemerkenswerte Perspektiven. Das »FALCO« ist modern, nicht aufdringlich laut und ohne zeitgeistliche Effekthascherei, sondern ohne Schnörkel wohnlich, harmonisch gestylt in geraden Linien und warmen Farben, die von Lichtquellen dezent in Szene gesetzt werden und Ambiente schaffen. Der Gast ahnt und spürt auf den ersten Blick, dass hier Gastlichkeit in eine entspannte Atmosphäre verpackt ist, dass das »FALCO« kein Gourmet-Tempel mit sakraler Grundstimmung, sondern ein Restaurant ist, in dem sich Luxus mit Laune verbindet. Das führende Gourmet-Magazin »Der Feinschmecker« hat es 2007 zum »Restaurant des Jahres« gekürt, eine Auszeichnung, die nicht nur die Küchen- und Restaurant-Mannschaft stolz macht. Auch die Leipziger schätzen ihr »FALCO« in schwindelnder Höhe, das nach den dort nistenden Falken benannt und nicht nur zum kulinarischen Aushängeschild der sächsischen Metropole avanciert ist, sondern auch den Beweis liefert, dass Gourmet-Küche in den neuen Bundesländern angekommen ist und angenom-

15

men wird. Peter Maria Schnurr heißt der Chef, der mit seinem Souschef Daniel Loth, der kongenialen Patissière Susanne Zumpe und der gesamten Küchen-Equipe das »FALCO« zu einem der besten Restaurants in Deutschland macht, unterstützt vom charismatischen Maître Ingo Sperling, der die freundliche junge Service-Truppe im reibungslosen Trapp hält.

Charakterkopf mit Kochprofil

Peter Maria Schnurr ist eine der interessantesten Persönlichkeiten der deutschen Kochszene, ein vor Energie sprühender Chef, der seinen Beruf sehr ernst nimmt, ohne jedoch die Lockerheit aufzugeben, die in seiner merklich unbändigen Leidenschaft für den Beruf begründet liegt. Natürlich schüttelt auch der dynamische Schnurr nicht alles aus dem Ärmel, aber er geht seinen Beruf mit einer sehr geradlinigen Einstellung und für sein Umfeld verlässlichen Professionalität an, zeigt Profil als Führungspersönlichkeit und Konsequenz in seinem Handeln, und er stellt sich und seine Mannschaft ohne Kompromisse in den Dienst seiner Kochkunst und damit in den Dienst des Gastes. Wo Schnurr draufsteht, ist auch Schnurr drin, darin bleibt er sich treu und ist stets dort anzutreffen, wo man einen Koch der Spitzenliga vermutet: am Herd in seinem Restaurant. Sein Potenzial als Koch ist beachtlich, was Peter Maria Schnurr seinen Gästen anbietet, ist eine unprätentiöse, souverän modern interpretierte Küche, die in allen Variationen eine besondere Frische und Leichtigkeit in sich trägt, dabei sehr kompakt und harmonisch arrangiert ist. Es sind keine modisch angesagten geschmacklichen Experimente mit Knalleffekten und kurzfristigen Aha-Erlebnissen, eher durchdachte Aromen- und Konsistenz-Kombi-

Das junge Service-Team ist immer gut gelaunt im Einsatz

nationen, die auf bestmöglicher Qualitätsbasis spielerisch zueinanderfinden, gleichzeitig Tiefgang besitzen, weil sie Akzente setzen, ohne vordergründig zu sein. Schnurr liebt dieses Spiel, hier und da auch die geschmackliche Provokation, wenn er Entenstopfleber mit Salpicon von Gillardeau-Austern und Meeresbohnen kombiniert oder Blauflossen-Thun mit Kokosnuss-Eiscreme servieren lässt. Warum nicht, das in der Mehrzahl junge Publikum dankt es ihm und ist dem »FALCO« treu. Peter Maria Schnurr hat in Leipzig das Klientel gefunden, das ihn als Koch herausfordert und seine Kreativität und seine Dynamik immer wieder aufs Neue beflügelt. Dass sich hinter dem jungenhaften Gesicht lange Erfahrungen aus bewegten Lehr- und Wanderjahren verbergen, in denen Peter Maria Schnurr auch mal mit blau gefärbten Haaren und einer Unzahl an Ohr- und Nasenringen am Herd stand, wissen nur wenige. Schnurr war zwar kein »enfant terrible« der Kochszene, aber auch kein Angepasster, sondern einer, der seinen Weg auch mit Gegenwind gegangen ist und dabei immer ein klares Ziel vor Augen hatte.

Badische Wurzeln

Aufgewachsen ist Peter Maria Schnurr in Forbach, einer kleinen Gemeinde im wildromantischen Murgtal im Nordschwarzwald. Die Tradition einer gepflegten bodenständigen badischen Küche hat die Mutter fest im Griff, an manchen Tagen bietet sie ihren beiden Kindern zwei Gerichte zur Auswahl. Peter Maria Schnurr nennt sie heute eine begnadete Köchin und ihr ist es zu verdanken, dass Schnurr von Kindesbeinen an den Stellenwert von frischen Produkten und einer frischen Zubereitung schätzen lernt. Nach der Schulzeit, die von Höhen und Tiefen begleitet ist, kommt für Peter Maria Schnurr die Entscheidung, wohin der Berufsweg führen soll. Für

Das Gourmet-Restaurant »FALCO« ist nach den in schwindelnder Höhe nistenden Falken benannt

den Vater ist klar, dass sein Sohn in seine Fußstapfen treten und Banker werden wird. Die Lehrstelle in Baden-Baden ist ihm sicher, Peter Maria Schnurr hat die Aufnahmeprüfung der Bank bestanden. Doch eine Woche, bevor der viel zitierte »Ernst des Lebens« beginnen soll, kommen Schnurr Zweifel und er sagt die Lehrstelle ab. Für die Eltern ist die Entscheidung ihres Sohnes keine leichte Kost, aber es kommt noch dicker. Peter Maria möchte eine Lehre als Koch anfangen und hat sich auch schon seinen Ausbildungsplatz im »Schwarzwälder Hof« in Achern organisiert. Er setzt sich durch, engagiert sich in der neuen Umgebung, ist aufmerksam und wissbegierig und merkt sehr schnell, dass sein erwachter Ehrgeiz und die Idee, im Kochen nicht nur eine handwerkliche, sondern auch eine gedankliche Herausforderung zu finden, ein anderes Umfeld braucht. Im »Hotel Talmühle« in Sasbachwalden entdeckt Peter Maria Schnurr einen neuen Horizont für seine Berufsvorstellung und beendet erfolgreich unter Küchenchef Gutbert Fallert seine Lehre. Ausgestattet mit einem soliden Fundament des Kochhandwerks, wechselt Schnurr nach Sulzburg in den »Hirschen«. Der traditionsreiche Familienbetrieb ist weit über die Grenzen Badens bekannt und Peter Maria Schnurr taucht ein in die Solidität badischer Küche, die zwischen französisch inspirierter »Haute Cuisine« und Bodenständigkeit ihren eigenen Stil gefunden hat. Doch Schnurr möchte weiter, er sucht den innovativen Kochstil abseits eingetretener Pfade, eine moderne Stilistik mit neuen Kreationen, unkonventionell und neugierig darauf, was am Herd machbar ist. In Torsten Ambrosius scheint er den Koch gefunden zu haben, der in seinen Arrangements neue Wege geht, Aromen mutig variiert und Teller anders anrichtet, als Schnurr das bislang gewohnt ist. Der Witzigmann-Schüler kocht im

Zwei Meister ihres Faches:
Schnurr schätzt Präzisionsarbeit
am Teller, Maitre Ingo Sperling
sorgt für einen reibungslosen
Ablauf im Restaurant

»Andresen's Gasthof« hoch im Norden, unweit der Nordseeküste. Für Peter Maria Schnurr bedeutet der Weg zu Ambrosius nach West-Bargum auch den Abschied von der badischen Heimat, eine erste Loslösung vom gewohnten Umfeld und damit ein neues Kapitel in seiner Kochkarriere. Hoch motiviert und voller Enthusiasmus engagiert sich Schnurr am Herd und entdeckt eine für ihn neue Produktwelt und aufwendige Zubereitungsarten, die Präzision genauso fordern wie Intuition und Gespür für das Machbare.

Wilde Jahre am Herd

Als Torsten Ambrosius in die Küche des Brandenburger Hofes nach Berlin wechselt, geht Peter Maria Schnurr mit in die Hauptstadt, die sich gerade anschickt, ihre gastronomische Kompetenz zu etablieren. Schnurr liebt die pulsierende Metropole vom ersten Augenblick an, doch es wird nur ein kurzes Gastspiel. Die Ideen des begabten, aber eigensinnigen und exaltierten Küchenchefs decken sich nicht immer mit den Vorstellungen der Eigentümer. Torsten Ambrosius verlässt Berlin und Peter Maria Schnurr folgt ihm. Die beiden landen für einige Monate im »Le Canard« im badischen Offenburg, danach trennen sich ihre Wege. Schnurr, der unter Torsten Ambrosius nicht nur fachlich profitiert, sondern auch an persönlichem Profil gewonnen hat, geht ins »Waldhotel Sonnora« nach Dreis. Das Gourmet-Restaurant von Helmut Thieltges ist eines der höchst dekorierten Häuser Deutschlands, doch für Peter Maria Schnurr ist die Welt in der abgeschiedenen

Südeifel zu eng. Auch das Angebot, zu Johann Lafer ins »Val d'Or« nach Stromberg zu wechseln, kann ihn nur wenige Monate dort halten, dann steht wieder Berlin auf dem Programm. Diesmal ist es Siegfried Rockendorf, der den jungen Koch zu sich in die Küche nimmt und großzügig über die blauen Haare, Nasen- und Ohrringe seines Schützlings hinwegsieht. Denn Peter Maria Schnurr ist nicht nur talentiert und wissbegierig, sondern steckt dazu voller Leidenschaft für seinen Beruf. Auch in seinen wilden Jahren lässt Peter Maria Schnurr nie die Ernsthaftigkeit und Präzision vermissen, die ihn als Profi und verlässliche Stütze innerhalb der Küchen-Crew auszeichnen. Siegfried Rockendorf wird einer seiner wichtigsten Lehrmeister, unter seiner Regie erweitert Schnurr nicht nur seinen fachlichen Horizont, sondern bekommt auch einen Einblick in den kaufmän-

nischen Rahmen eines Restaurants. Mit einem lachenden und weinenden Auge endet Schnurrs Zeit in »Rockendorf's Restaurant«. Es folgen Stationen im Restaurant »First Floor« im Hotel Palace Berlin und ein kurzes, aber kreatives Intermezzo im Bistro-Restaurant »Modellhut«, bevor sich Peter Maria Schnurr nach Düsseldorf aufmacht. Ziel ist das legendäre Restaurant »Im Schiffchen« von Claude Bourgueil, eine kleine authentische französische Gourmet-Enklave inmitten der nordrhein-westfälischen Landeshauptstadt. Claude Bourgueil ist eine markante Koch-Persönlichkeit mit Ecken und Kanten, ein in seinem Stil konsequent französisch geprägter Meister, der aus seinem Herzen keine Mördergrube macht und mit seinen Ansichten nicht hinter dem Berg hält. Auch Peter Maria Schnurr hat seine eigenen Vorstellungen und Schnurrs Jahr in

Bourgueils Küche wird für beide eine spannende Zeit, die viele inspirative und kreative Momente zulässt und den stolzen Franzosen und den jungen Badener in einem freundschaftlichen Respekt verbindet. Als erneut ein Engagement in Berlin lockt, packt Peter Maria Schnurr seine Koffer in Düsseldorf und zieht vom Rhein an die Spree. Im »Berlin Capital Club« am Gendarmenmarkt wird Schnurr neuer Küchenchef, das Restaurant, vom renommierten Innenarchitekten Garven Chan im euro-asiatischen Einrichtungsdesign gestaltet und mit einem einzigartigen Panoramablick über den pittoresken Gendarmenmarkt bis hin zum Alexanderplatz, ist nur Clubmitgliedern und ihren Gäste vorbehalten. Drei Jahre bleibt Schnurr im »Capital Club«, dann siegt der Drang »back to the roots«. Peter Maria Schnurr möchte seine Kreationen und Koch-Ideen einem breiten Publikum zugänglich machen, möchte sich in einem für jedermann zugänglichen Restaurant entfalten. Die Chance bietet sich plötzlich in Leipzig, als das »Hotel Westin« in seiner 27. Etage ein Gourmet-Restaurant plant. Ohne zu wissen, was ihn in Leipzig erwartet, reist Peter Maria Schnurr in die bekannte Messestadt, die Haus für Haus ihren alten Glanz wiederentdeckt. Auch das »Hotel Westin«, das noch zu DDR-Zeiten gebaut wurde, erhält ein neues Innenleben und soll mit Schnurrs Hilfe zum kulinarischen Aushängeschild der Stadt werden. In der 27. Etage besichtigt Peter Maria Schnurr die Baustelle, in der einmal Restaurant und Bar untergebracht werden sollen. Noch ist die Etage ein Rohbau, Kabel hängen von der Decke und der Fußboden ist blanker Beton. Doch schon jetzt ist die Aussicht von hier oben auf die Stadt grandios, gleichzeitig bietet das Angebot eine einzigartige Perspektive, die Schnurr für sich und seinen Wunsch nach einem eigenen Restaurant erkennt. Als im April 2005 die

ersten Gäste das Restaurant »FALCO« betreten, finden sie nicht nur eine bemerkenswert stimmige Innenarchitektur vor, sondern auch ein gelungenes Restaurant-Konzept, das mit besten Materialien vom Teller über das Besteck bis zur Tischdecke und zur aufwendig gestalteten Speisenkarte ausgestattet ist. Peter Maria Schnurr hat nichts dem Zufall überlassen, seine professionelle Handschrift, auch in vermeintlich kleine Dinge beste Qualität zu packen, haben das »FALCO« schnell in die Spitzengruppe deutscher Gourmet-Restaurants katapultiert. Angekommen in der 27. Etage ist für Peter Maria Schnurr hier oben noch lange nicht Endstation. Seine »Cuisine Passion Légère« hat die besten Perspektiven, weiter nach oben zu kommen.

Teamgeist hat das »FALCO« zu einem der besten Restaurants in Deutschland gemacht

25

Freundschaftsbande: Peter Maria Schnurr und den Maler Michael Fischer verbindet die Liebe zur Kunst am Herd und auf der Leinwand.

Leipzig

ein Leipzig lob ich mir!«, das berühmte Zitat aus Goethes Faust hat mehr denn je Gültigkeit, die traditionsreiche sächsische Stadt ist seit Mitte der 1990er Jahre im Aufbruch und findet langsam, aber sicher zu ihrem alten Glanz zurück. Das historische Stadtzentrum, umgeben von einem grünen Promenadenring, der den einstigen Verlauf der Befestigungsanlagen markiert, bildet dabei das lebendige historische Herz dieser dynamischen Metropole, mit über 510 000 Einwohnern die bevölkerungsreichste Stadt der neuen Bundesländer. Die vielen Sehenswürdigkeiten und Prachtbauten Leipzigs, die über Jahrhunderte dem Wirtschafts- und Geistesleben in Europa reiche Impulse gegeben haben und das besondere Flair der Stadt ausmachen, tauchen frisch renoviert aus dem Dunkel der vergangenen Jahrzehnte auf und machen Leipzig heute wieder zu einer der schönsten und attraktivsten Städte in Deutschland. Auf eine behutsame Verknüpfung von historisch Gewachsenem und modernem Städtebau wird dabei großer Wert gelegt, alt und neu, Tradition und Fortschritt finden architektonisch zueinander.

Die Stadtgeschichte beginnt im Jahre 1165, als Markgraf Otto der Reiche von Meißen dem Ort Stadt- und Marktrechte verleiht. Damit verbunden ist das Privileg, dass im Umkreis von einer Meile (rund 7,5 Kilometer) kein Jahrmarkt abgehalten werden darf, der den Handel der Stadt beeinträchtigen könnte. Für die wirtschaftliche Entwicklung der Stadt ist das ein entscheidender Vorteil und Leipzig

Goethes Drama Faust hat »Auerbachs Keller« ein literarisches Denkmal gesetzt

entwickelt sich nach und nach zu einem wichtigen Handelszentrum im Reich. Gleichzeitig wird Leipzig eine bedeutende Messestadt, als Umschlagplatz für Metalle, Pelze, Seide, Edelsteine, Zinn und sächsisches Silber erhält die Stadt das Stapelprivileg und baut ihre Handelsbeziehungen immer weiter aus. Anfang des 19. Jahrhunderts, als auch Händler aus Nordamerika, Brasilien, Argentinien und Indien an der Messe teilnehmen, wird Leipzig zum Welthandelsplatz. Im Frühjahr 1895 erfolgt die Umstellung von einer Waren- zur weltweit ersten Muster-Messe, die beiden Anfangsbuchstaben MM stehen noch heute für die Leipziger Messe. Im Jahr 1996 wurde am Stadtrand ein neues Messezentrum gebaut, heute bietet das Gelände der »Neuen Messe« mit seinen modernen Gebäuden für Aussteller und Besucher eine erstklassige Infrastruktur. Neben den verschiedenen Industriemessen gehört vor allem die Leipziger Buchmesse zu den international gefragten Ausstellungen. Gerade Buchhandel und Verlagswesen haben in Leipzig eine lange Tradition, bereits im Jahre 1650 erscheint hier die weltweit erste Tageszeitung, im April 1825 wird in Leipzig der Börsenverein der Deutschen Buchhändler gegründet und der Reclam-Verlag startet nur drei Jahre später seine Aktivitäten.

Leipziger Kirchenkultur

Mit der Stadtgründung entstehen auch die beiden großen Kirchenbauwerke Leipzigs, die Thomaskirche und die St. Nikolaikirche, die für den Verlauf der Geschichte Leipzigs eine wichtige Rolle spielen. Anfang des 13. Jahrhunderts als Stiftskirche des neuen Thomasklosters der Augustiner-Chorherren geweiht, wird die Thomaskirche immer wieder erweitert, umgebaut und neu gestaltet. Das gotische Bauwerk stammt größtenteils aus dem späten 15. Jahrhundert.

Neben ihren sakralen Kunstschätzen wie dem Taufstein aus Marmor und Alabaster, dem Flügelaltar eines unbekannten Meisters aus dem 15. Jahrhundert und dem Kruzifix gegenüber der Kanzel, ist die Thomaskirche vor allem für die »Thomaner« bekannt. Seit fast 800 Jahren singt hier einer der ältesten und bekanntesten Knabenchöre der Welt. Traditionell stehen im Zentrum der Arbeit des Chores die Vokalwerke von Johannes Sebastian Bach, der als einer der größten Komponisten aller Zeiten gilt und ab 1723 in der Kirche als Thomaskantor wirkte. Während dieser Zeit schuf Bach seine Johannes- und Matthäuspassion sowie zahlreiche Kantaten und Motetten. Am 28. Juli 1750 stirbt Johann Sebastian Bach 65-jährig in Leipzig, seine letzte Ruhestätte befindet sich seit 1949 in der Thomaskirche.

Die Stadt- und Pfarrkirche St. Nikolai wurde im romanischen Stil erbaut, erst im 15. und 16. Jahrhundert erfolgten Erweiterungen und der vollständige Umbau zur dreischiffigen spätgotischen Hallenkirche. Als im Jahre 1539 mit den Predigten Martin Luthers die Reformation in Leipzig einzieht, wird die Nikolaikirche Sitz des ersten Superintendenten der Stadt. Ende des 18. Jahrhunderts wird im Zuge der Aufklärung und Revolutionsarchitektur der Innenraum mit Palmensäulen umgestaltet, jetzt sprießen aus den Säulenkapitellen hellgrüne Blätter und geben der Kirchendecke ein einzigartiges Bild. In Leipzigs Nikolaikirche beginnt im Herbst 1989 mit den Montagsgebeten und den anschließenden Montagsdemonstrationen die friedliche Revolution in der DDR, die rund ein Jahr später zur Wiedervereinigung der beiden deutschen Staaten führt. Obwohl die Nikolaikirche allein der evangelischen Kirche gehört, wird das Kirchengebäude auch von der katholischen Propsteigemeinde zur Feier des sonntäglichen Gottesdienstes genutzt.

Johann Wolfgang Goethe

LEIPZIG

Leipziger Allerlei

Durch alle Stürme der Zeit hindurch war Leipzig immer eine innovative Stadt, deren Bürger nie resignierten, wie schwer auch die Last der Geschichte auf ihnen drückte. Im Jahre 1409 wird die Universität als »Alma Mater Lipsiensis« gegründet und gehört damit zu den ältesten Hochschulen in Deutschland. Wirtschaft und Handel werden an der Leipziger Hochschule schon früh in den Kanon wissenschaftlicher Disziplinen aufgenommen, heute bietet die Universität ihren rund 30 000 Studenten ein breit gefächertes Studienangebot. Im Jahre 1843 begründete Felix Mendelsohn Bartholdy in Leipzig mit dem »Conservatorium der Musik« die erste Musikhochschule Deutschlands.

1539 wird in Leipzig die Reformation eingeführt und die Stadt einige Jahre später in einen Krieg verwickelt, in dem es um die Gleichstellung der protestantischen Konfession geht. Dennoch herrschen in den Grenzen der Messestadt ein florierender Handel und das Handwerk blüht, bereits im 16. Jahrhundert verfügt Leipzig über eine eigene Trinkwasserversorgung. Erst der Dreißigjährige Krieg bremst

die prosperierende Entwicklung und die Bevölkerungszahl sinkt. Im Zuge der kriegerischen Auseinandersetzungen wird Leipzig fünfmal belagert und schließlich von den Schweden besetzt. Unweit der Stadt erleiden die Kaiserlichen Truppen unter ihrem Feldherrn Tilly in der Schlacht bei Breitenfeld eine der größten Niederlagen. Doch die Stadt erholt sich von den Schrecken des Krieges, bereits zu Beginn des 18. Jahrhunderts wird in Leipzig eine Straßenbeleuchtung eingeführt. Die rund 700 mit Öl betriebenen Laternen leuchten erstmals am Abend des 24. Dezember 1701. Dazu stellt die Stadt Laternenwärter ein, die nach einem festen Brennplan dafür zu sorgen haben, dass die Laternen rechtzeitig angezündet und wieder gelöscht werden.

Die so genannte Völkerschlacht lässt im Oktober 1813 ganz Europa nach Leipzig schauen, denn sie war die entscheidende Auseinandersetzung der Befreiungskriege. Österreicher, Preußen, Russen und Schweden kämpfen Seite an Seite gegen die napoleonischen Truppen, drei Tage dauert der Kampf vor den Toren der Stadt, der Napoleon dazu zwang, sich mit der verbliebenen Restarmee und ohne Verbündete aus Deutschland zurückzuziehen. Bis zum Ersten Weltkrieg war dies die größte Schlacht der Weltgeschichte. Genau 100 Jahre später wird an der Stelle, an der die heftigsten Kämpfe stattfanden und die meisten Soldaten fielen, das Völkerschlachtdenkmal errichtet. Das 91 Meter hohe imposante Denkmal ist heute eines der meist besuchten Wahrzeichen der Stadt. Rund 25 Jahre nach der Völkerschlacht wird die Leipzig-Dresdner-Eisenbahn als erste deutsche Fernbahnstrecke eröffnet und Leipzig entwickelt sich schnell zum wichtigsten Verkehrsknotenpunkt in Mitteldeutschland. Anfang des 20. Jahrhunderts entsteht in Leipzig der größte Kopfbahnhof Europas, der nach der Wende zu einem der schönsten und

LEIPZIG

Das Gewandhaus am Augustusplatz ist Leipzigs berühmtestes Konzerthaus, sein Orchester genießt internationales Renommee

modernsten Bahnhöfe Europas mit zwei übereinander liegenden Ladengalerien umgestaltet wird.

Infolge der zunehmenden Industrialisierung und durch die Eingemeindungen der Vororte steigt am Ende des 19. Jahrhunderts die Bevölkerungszahl rasant an. 1871 wird Leipzig mit 100 000 Einwohnern Großstadt. In die Stadt zieht jetzt das Reichsgericht als oberstes Zivil- und Strafgericht ein, gleich dem heutigen Bundesgerichtshof. Im Jahr 1900 konstituiert sich in Leipzig der Deutsche Fußball-Bund und der VfB Leipzig wird 1903 erster deutscher Fußballmeister. Im Zweiten Weltkrieg kommt es zu mehreren Luftangriffen, die zu erheblichen Zerstörungen der Innenstadt führen. Doch viele historische Gebäude, darunter die völlig intakte Universitätskirche aus dem 13. Jahrhundert, fallen erst den städtebaulichen Vorstellungen der Machthaber der DDR zum Opfer. Mitte April 1945 erreichen Einheiten der 3. US-Armee die Stadt, doch nach den Beschlüssen der Konferenz von Jalta wird Leipzig im Juli 1945 der sowjetischen Besatzungszone zugeschlagen und die Rote Armee marschiert in der Stadt ein. Von 1952 bis 1990 ist Leipzig Hauptstadt des Bezirks Leipzig und fällt nach und nach in einen Dornröschenschlaf, was sich auch in einem kontinuierlichen Rückgang der Einwohnerzahl äußert.

Leipziger Aufbruch

Erst nach der Wende entdeckt Leipzig seine alten Tugenden und seine Kraft wieder und entwickelt sich kontinuierlich zu einer liebens- und lebenswerten jungen, modernen Stadt mit großer Vergangenheit und großer Zukunft. Den geistigen Reichtum und die kulturelle Vielfalt von einst spiegeln heute die Leipziger Museen mit ihren bedeutenden Sammlungen wieder. Allen voran das neue Museum der bildenden Künste, das Malerei und Plastik vom Spätmittelalter bis zur Gegenwart sowie Zeichnungen und Druckgraphiken vom 15. Jahrhundert bis zur Gegenwart beherbergt, und die neue Galerie

37

für Zeitgenössische Kunst. Das von vielen als schönstes Gebäude Leipzigs bezeichnete »Alte Rathaus« am Markt ist Herzstück des Stadtgeschichtlichen Museums und zählt zu den bestandsreichsten seiner Art in Deutschland. Von dort sind es nur ein paar Schritte in die größtenteils restaurierte historische Innenstadt mit ihren eindrucksvollen Geschäftshäusern, den stattlichen Bürgerpalais und den berühmten Passagen, zu denen auch die Mädler-Passage mit »Auerbachs Keller« zählt, der in Goethes Drama Faust ein literarisches Denkmal bekommen hat.

Leipziger Spezialitäten

Kulinarisch hat Leipzig einige Spezialitäten hervorgebracht, die dank der Reisefreudigkeit der Sachsen schon früh über die Stadtgrenzen bekannt wurden. Allen voran steht das »Leipziger Allerlei«, ein Gemüsegericht, das auch als Beilage serviert wird. Es besteht in der Regel aus jungen Erbsen, Karotten, Spargeln und Morcheln, häufig durch grüne Bohnen, Blumenkohl oder Kohlrabi ergänzt. Zum Klassiker gehören auch Flusskrebse, Krebsbutter und Semmelklößchen. Bekannt ist Leipzig auch für seine Kaffeekultur und Kaffeehaustradition, die erste Kaffeebohnenausstellung fand im Jahre 1670 auf der Leipziger Messe statt. 24 Jahre später eröffnet der »Königlich Polnisch Kurfürstlich Sächsische Hofchocoladier Lehmann« am Markt den ersten Kaffeeausschank in Leipzig. Noch am gleichen Platz ist das Haus »Zum Arabischen Coffe Baum« in der Kleinen Fleischergasse eines der ältesten kontinuierlich betriebenen Kaffeehäuser Europas. Hier hatten schon im 18. Jahrhundert berühmte Dichter, Komponisten und Universitätsgelehrte ihren eigenen Stammtisch und philosophierten beim schwarzen Getränk über Gott und die Welt. Zum richtigen Kaffeegenuss gehören in Leipzig die »Lerchen«, kleine mit Marzipan gefüllte Törtchen, die mit gekreuzten Mürbeteigstreifen belegt sind. Hinter dem Namen »Leipziger Gose« verbirgt sich ein obergäriges Bier, das ursprünglich aus Goslar stammt und das schon der Geheimrat Goethe als

Architektonische Kunst auf dem Gelände der »Neuen Messe«. Leipzig gehört zu den ältesten Messeplätzen der Welt

»anregend, stimmungs- und potenzfördernd« pries. »Gose« wurde in Leipzig erstmals um 1740 ausgeschenkt und war bis 1930 das dominierende Bier in der Stadt. Erst in den 1980er Jahren erlebte es eine Renaissance und findet seither ständig steigenden Zuspruch. »Gose« wird nicht nur pur getrunken, sondern auch als »Regenschirm« mit Kümmel, als »Sonnenschirm« mit Sirup oder als »Frauenfreundliche« mit Kirschlikör.

Vorspeisen

Langoustine »Annika Maria«
Gillardeau-Austern M4
Entenstopfleber
Blauflossen-Thun
Grüner Spargel von »Robert Blanc«
Kalbszunge

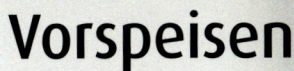

Langoustine »Annika Maria«

Lardo
grüner Apfel
Imperial-Kaviar

1. Die Langoustinen ausbrechen, den Darm ziehen und vom Rücken her etwas nach links und rechts aufschneiden, leicht zuckern, salzen und pfeffern. Mit wenigen Tropfen Limonenolivenöl beträufeln und 5 Minuten marinieren lassen. Den Lardo in hauchdünne Scheiben schneiden. Aus drei Äpfeln Saft herstellen, aus einem Apfel hauchdünne Julienne schneiden. Entsprechend der Apfelsaftmenge mit Gelatine ein Gelee herstellen.

2. Die Langoustine auf den Lardo setzen. Die Apfeljulienne mit dem Gelee vermischen und auf die Langoustine geben. Die Crème fraîche aufspritzen und mit Kaviar vollenden.

Für 4 Personen

4 Langoustinen
Limonenolivenöl
4 Scheiben Lardo
4 Granny-Smith-Äpfel
50 g Crème fraîche natur von Échiré
80 g Imperial-Kaviar
Gelatine auf 1 l Apfelsaft 6 Blatt

Anmerkung

Dieses Gericht ist der Tochter von Peter Maria Schnurr gewidmet, Annika Maria.

46

Gillardeau-Austern M4

Haselnuss-Zitronenkrokant
Algen-Crème-fraîche

Für 4 Personen

12 Gillardeau-Austern Größe M4

Birnenragout
3 Birnen
7 Williamsbirnen
230 ml Birnensaft
2 g Agar-Agar

Haselnuss-Zitronenkrokant
35 g Zucker
75 g geschälte Haselnüsse
Abrieb von 1 Zitrone

Algen-Crème-fraîche
1 Blatt Nori-Alge
100 g Crème fraîche
asiatische Panierbrösel – Panko

1. Die tagesfrischen Austern auslösen. Die ersten drei Birnen schälen, fein würfeln und etwas einkochen. Die Williamsbirnen schälen und entsaften. Den Saft mit dem Agar-Agar aufkochen, passieren und schnell auf ein Blech von ca. 50 cm x 30 cm gießen. Das Gelee in der Größe der Austern ausstechen.

2. Den Zucker mit etwas Wasser zu Karamell kochen und auf ein Backpapier geben. Die Haselnüsse zugeben, mitrösten und dann kalt werden lassen. Anschließend grob zerstoßen und den Zitronenabrieb untermischen. Die rohen Austern darin wälzen.

3. Das Algenblatt im Mixer zerkleinern, die Crème fraîche zugeben und erneut mixen. Dann alles passieren und mit Salz und Zucker abschmecken. Die Austern in asiatischen Panierbröseln wenden und sehr kurz knusprig ausbacken.

4. Das Birnenragout auf dem ausgestochenen Gelee anrichten, eine rohe Auster daraufsetzen und von dem Gelee einen »Deckel« auflegen. Jeweils eine rohe Auster in Haselnusskrokant wälzen und dazugeben. Die dritte Auster nach dem Ausbacken mit der Algen-Crème-fraîche anrichten und servieren.

Entenstopfleber

Räuchermandel »Panna Cotta«
Ananas-Salpicon
Sarawak-Pfeffer

1. Die drei Weine jeweils separat zu einer dickflüssigen Glace eindampfen lassen. Die von Sehnen, Adern und Häutchen befreite Entenstopfleber salzen und mit den Reduktionen würzen. Dann in Kunstdärme füllen und zubinden und danach 48 Stunden im Kühlschrank marinieren lassen. Wichtig! Sofort in Eiswasser legen – damit die Leber schön fest wird.

2. Die Sahne und die Milch zusammen aufkochen, die Mandelstifte und die Räuchermandeln hinzugeben und über Nacht ziehen lassen. Am nächsten Tag abpassieren, einen Teil erhitzen und die Gelatine hinzugeben. Alles vermengen und in einen Kunstdarm oder eine Terrinenform geben, so dass die Entenstopfleber die gewünschte Form erhält. Dann erkalten lassen und beliebig zuschneiden.

3. Die Hälfte der Ananas in Würfel schneiden und den Rest entsaften. Einen Esslöffel Zucker mit Wasser bedecken und hellblonden Karamell herstellen. Mit Ananassaft ablöschen, Tahiti-Vanille und gestoßenen Sarawak-Pfeffer zugeben. Zu sämiger Konsistenz leicht einkochen lassen, passieren und die Ananaswürfel zugeben. Eventuell mit etwas Puddingpulver abbinden, und dann mit Kirschwasser abschmecken.

4. Die Gänseleber vorsichtig aus der Hülle lösen und in Scheiben schneiden. Dazu das Salpicon von Ananas anrichten und die Panna Cotta daneben setzen. Jeweils eine Scheibe Apostelkuchen (Brioche) nach Geschmack karamellisieren und getrennt dazu reichen.

Für 4 Personen

Entenstopfleber
1 kg Entenstopfleber aus Landes
(Gegend in Zentralfrankreich)
12 g Himalaya-Salz
5 g Pökelsalz

500 ml roter Portwein
500 ml weißer Portwein
500 ml Madeira
Kunstdarm

Räuchermandel-Panna-Cotta
125 ml Sahne
125 ml Milch
50 g geröstete Mandelstifte
50 g zerstoßene Räuchermandeln
2 Blätter Gelatine

Ananas-Salpicon
1 Victoria-Ananas
1 EL Zucker
Tahiti-Vanille
Sarawak-Pfeffer
eventuell etwas Puddingpulver
Kirschwasser

4 Scheiben Apostelkuchen (Brioche)

Anmerkung

Sarawak-Pfeffer: Dieser schwarze Pfeffer stammt aus dem Nordwesten Borneos und hat einen milden und frischen Geschmack. Seine Aromen sind gekennzeichnet durch zarte Holztöne und leichte Säure.

50

Blauflossen-Thun

grünes Currygelee
Wasabi-Kaviar
kalte Mango

Für 4 Personen

Blauflossen-Thunfisch
4 Scheiben Blauflossen-Thunfisch
à 80 g in Sushi-Qualität
½ EL salzreduzierte Sojasauce
½ EL Mirin (japanischer Reisessig)
½ EL geröstetes Sesamöl
½ EL Olivenöl
Salz, Zucker
weißer Kaveri-Pfeffer aus der Mühle

Grünes Currygelee
100 g Butter
1 TL gut gehäufter Mumbai-Curry
1 mittlere Schalotte
2 Knoblauchzehe
1 Thymianzweig
1 Rosmarinzweig
1 Msp grüne Currypaste
1 Stängel Zitronengras
4 Limettenblätter
1 l Gemüsefond
6 Blatt Gelatine auf
500 ml Gemüsefond

Kalte Mango
250 g Mangopüree
100 g Zucker
100 ml Mineralwasser mit Gas
10 ml Zitronensaft

40 g Wasabi-Kaviar
Schnittlauch, Shiso- oder
Daikonkresse

1. Aus der Sojasauce, dem Mirin, dem Sesam- und Olivenöl, etwas Salz, Zucker und Kaveri-Pfeffer eine Marinade herstellen und den Thunfisch darin marinieren.

2. Die Butter aufschäumen, die fein gewürfelte Schalotte und den Knoblauch darin anschwitzen und mit dem Mumbai-Curry abstäuben, dann den Thymian und Rosmarin zufügen. Die Currypaste einrühren. Zitronengras und Limettenblätter klein geschnitten zufügen. Mit dem Gemüsefond auffüllen. Den Sud auf die Hälfte reduzieren und mit Gelatine, im Verhältnis wie angegeben, ein Gelee herstellen. Nach dem Erkalten klein würfeln.

3. Das Mangopüree mit Zucker, Mineralwasser und Zitronensaft mixen, passieren, in einer Eismaschine oder im Pacojet gefrieren.

4. Den marinierten Thunfisch auf dem Teller platzieren, mit Currygelee, Wasabi-Kaviar und einer Nocke von kalter Mango dekorieren. Mit etwas Schnittlauch, Shiso- oder Daikonkresse garnieren.

Grüner Spargel von »Robert Blanc«

Tatar von der Seespinne
Apfel-Tapioka

1. Den Spargel in gut gesalzenem Wasser leicht bissfest blanchieren, in Eiswasser abschrecken und der Länge nach einschlitzen. Das Seespinnenfleisch mit etwas Limonensaft und Limonenolivenöl, Zucker und Cayenne-Pfeffer abschmecken, in die geschlitzte »Tasche« des Spargels füllen. Je nach Länge des Spargels die Spitzen abschneiden und daneben anrichten.

2. Die Tapiokaperlen etwa eine halbe Stunde in Wasser einweichen, abgießen und in Apfelsaft bis zur Bindung herunterkochen, mit etwas Zucker und Limone abschmecken.

3. In der Mitte eines länglichen Tellers die gefüllte Spargelstange anrichten, die Spargelspitzen dazugeben und mit dem Apfel-Tapioka und den Spitzen vom Friséesalat garnieren.

Für 4 Personen

Grüner Spargel
4 Stangen grüner Spargel
200 g ausgelöstes Fleisch der Seespinne (am besten aus den Armen)
Limonensaft
Limonenolivenöl
Zucker, Cayenne-Pfeffer
Spitzen vom Friséesalat

Apfel-Tapioka
50 g grüne Tapiokaperlen
300 g frisch gepresster Granny-Smith-Apfelsaft

54

Kalbszunge

Périgord-Trüffel
Kartoffel-Nussbutter-Schaum

Für 4 Personen

Kalbszunge
4 dünne Scheiben von der
gepökelten, gekochten Kalbszunge
100 g Esterhazy-Gemüsewürfel
(Karotte, Lauch, Sellerie)
100 g Périgord-Trüffel,
in Julienne geschnitten
Traubenkernöl
Salz
weißer Kaveri-Pfeffer
Zucker

Kartoffel-Nussbutter-Schaum
150 ml Kartoffel-Kochfond
100 g Kartoffelpüree
150 ml Vollmilch
100 g Nussbutter
Salz, Muskat, Olivenöl
2 Patronen für einen Siphon
mit 500 ml

1. Aus dem sehr fein gewürfelten und blanchierten Gemüse mit etwas Trüffelsaft, Traubenkernöl, Salz, weißem Kaveri-Pfeffer aus der Mühle und Zucker eine Vinaigrette herstellen und die Trüffel unterrühren.

2. Den Kochfond mit dem Kartoffelpüree, der Milch, der Nussbutter, dem Olivenöl und den Gewürzen mixen, passieren und in den Siphon abfüllen.

3. Die Scheiben von der Kalbszunge auf einen vorgewärmten Teller legen und mit der Trüffelvinaigrette und dem Kartoffelschaum anrichten.

Suppen

Bouillabaisse
Auszug vom großen Atlantik-Steinbutt
Aufguss von 5 Kräutern
Essenz von eingemachten Steinpilzen
Gekühlte Selleriemilch
Geschäumte Velouté

Bouillabaisse

Fische im Fenchelblatt

Für 4 Personen

Fische
5 kg Abschnitte von
Drachenkopf
Seezunge
Steinbutt
Rotbarbe
Langustinen-, Hummerkarkassen
etwa 400 g Fischfilet dieser Fische

Gemüse
2 Fenchelknollen
10 reife Roma-Tomaten
2,5 kg geschälte Tomaten aus der
Dose
2 Knoblauchknollen
2 Schalotten mittlerer Größe,
in Scheiben geschnitten
1 EL Fenchelsamen
5 Sternanis
1 g Safranfäden
½ Bund Thymian
½ Bund Rosmarin
½ Bund Basilikum

300 ml Pernod
200 ml Noilly Prat
500 ml Weißwein
3 l kaltes Wasser
Fenchelknolle

Tempurateig
Traubenkernöl zum Ausbacken
50 g Mehl Typ 405
50 g Stärke
kaltes Wasser
Salz, Weißwein, Cayenne-Pfeffer

1. Die geputzten Abschnitte der verschiedenen Fische gut wässern. Gemüse und Kräuter in Olivenöl anschwitzen, mit Pernod, Noilly Prat und Weißwein ablöschen und dann die gewässerten Karkassen zugeben. Mit kaltem Wasser aufgießen, mit den geschälten, frischen Tomaten aufkochen, die Dosentomaten beigeben und ca. 45 Minuten leicht köcheln lassen. Durch ein Etamintuch passieren und abschmecken. Kurz vor dem Anrichten mit Basilikum, Rosmarin, Thymian, Sternanis, Safranfäden und frischen Tomaten nochmals abschmecken und passieren.

2. Für den Tempurateig die gesamten Zutaten zu einer dickflüssigen Konsistenz verrühren.

3. Die Fenchelknolle längs in 1 mm dünne Blätter aufschneiden, in gut gesalzenem Wasser blanchieren, dann abschrecken und trocken legen.

4. Je ein Fisch- oder Krustentierstück nach Wahl würzen und in ein Fenchelblatt einschlagen. In Tempurateig tauchen und bei ca. 180 °C in Traubenkernöl knusprig ausbacken. Auf einem vorgewärmten tiefen Teller anrichten und mit dem heißen, kurz aufgeschäumten Fond angießen. Sofort servieren.

Auszug vom großen Atlantik-Steinbutt

»oriental«
Kichererbsen-Falafel

1. Die Karkassen gut wässern. Die Limettenblätter und die Zitronengrasstängel in etwas Sesamöl anbraten. Die Karkassen zugeben und mitrösten. Die Gewürze beifügen und alles zusammen anschwitzen. Mit Weißwein, Noilly Prat und Pernod ablöschen. Dann aus Eiweiß und Champagneressig eine Klärmasse herstellen, den Fond mit dem kalten Wasser und dem Eiweiß auffüllen und langsam zum Kochen bringen. Zirka 1 ½ Stunden ziehen lassen.

2. Die Kichererbsen 24 Stunden in kaltem Wasser einweichen, durch die feine Scheibe des Fleischwolfes drehen und dann mit den restlichen Zutaten abschmecken. Aus der Masse kleine Bällchen von 2 cm Durchmesser formen und in Traubenkernöl bei 180 °C ausbacken. Die kleinen Falafel in einer Schale servieren und die Suppe à part dazu reichen.

Für 4–6 Personen

Steinbutt
2 kg Karkassen vom großen
Atlantik-Steinbutt
(beim Fischhändler bestellen)
60 g Limettenblätter
4 Zitronengrasstängel
Sesamöl

1 EL Mumbai-Curry
1 TL Raz el Hanout
1 TL Quatre épices*
1 TL Dajong-Gewürzmischung
1 Knolle Knoblauch
30 g frischer Ingwer
jeweils 200 ml Weißwein, Noilly
Prat, Pernod
10 Eiweiß
etwas Champagneressig
5 l kaltes Wasser

Kichererbsen-Falafel
(muss 24 Stunden einweichen)
125 g geputzte halbierte
Kichererbsen
½ Knoblauchzehe mit Salz,
fein gerieben
½ TL Backpulver
½ TL Kreuzkümmel, gemahlen
5 Korianderkörner
1 Msp Sumach**
1 Msp Garam Masala***
½ TL Tahini (Sesampaste)
1 EL gehackte glatte Petersilie
1 Spritzer Limonensaft

* die in der französischen Küche beliebte Mischung
besteht aus schwarzem Pfeffer, Muskatnuss, Gewürznelken und getrocknetem Ingwer
** eine fruchtig und säuerlich schmeckende ziegelro-
te Beere, deren Sträucher wild in Sizilien und auf den
Hochebenen des Nahen Ostens wachsen. Sie werden
ganz oder gemahlen angeboten
***die wichtigste Gewürzmischung der nordindischen
Küche besteht aus Kreuzkümmelsamen, Koriandersamen, schwarzen Pfefferkörnern, grünen oder
schwarzen Koriandersamen, Gewürznelken, Zimtstan-
gen, Lorbeerblättern und gemahlener Muskatblüte.

Aufguss von 5 Kräutern

Milchkalb

Für 4-6 Personen

Kräuteraufguss
je 80 g Dill, glatte Petersilie, Schnittlauch, Kerbel, Estragon
400 ml Champagner
80 g Butter
100 g Crème fraîche
200 ml Geflügelbrühe
Salz, Cayenne-Pfeffer

Radieschengelee
4 Radieschen in feinen Streifen
100 ml temperierter Champagner
1 Blatt Gelatine
Zucker

Kalbskopf-Knusper
500 g Kalbskopfmaske,
küchenfertig geputzt
1 gepökelte Kalbszunge
2 ½ l Kalbsfond
Piment, Nelken, Koriander,
Meersalz, Lorbeer, Pfefferkörner,
Zwiebel, Knoblauch
Salz, Pfeffer
Pernod, Noilly Prat, weißer Portwein
Champagneressig, Dijon-Senf
Kataifi-Fäden

1. Die Kräuter zu gleichen Teilen fein hacken und mischen. Den Champagner um ein Drittel reduzieren und Butter, Crème fraîche und Geflügelbrühe einrühren und mit Salz und Cayenne-Pfeffer abschmecken. À la minute die Kräutermischung einmixen.

2. Die Gelatine im warmen Champagner auflösen, die Radieschen einrühren und mit Salz, Zucker und Cayenne-Pfeffer abschmecken.

3. Für den Kalbskopf die Gewürze nur kurz im Mörser anstoßen, so dass sie geöffnet sind und in einem Gewürzbeutel im Kalbsfond erhitzen. Die geschälte und halbierte Zwiebel und den Knoblauch zufügen und darin die Kalbskopfmaske und die Zunge etwa 1 ½–2 Stunden garen. Nach der Hälfte der Garzeit die Gewürze entfernen. Im noch warmen Zustand das Fleisch würfeln und mit Salz, Pfeffer, Pernod, Noilly Prat, Champagneressig, Portwein und Senf abschmecken.

4. Die Masse in die gewünschte Form pressen und zuschneiden, wenn sie erkaltet ist. Dann panieren, in Kataifi-Fäden wickeln und knusprig ausbacken.

5. Die gebackenen Kalbskopfstückchen im ausgestochenen Radieschengelee anrichten und den Kräuteraufguss in einem vorgewärmten tiefen Teller servieren.

65

Essenz von eingemachten Steinpilzen

1. Zunächst den ersten Teil des Gemüses für die Einlage würfeln und beiseite stellen. Die Zwiebeln, den Lauch, die Karotte und den Knollensellerie putzen und in walnussgroße Stücke schneiden. In etwas Butter und Olivenöl farblos anschwitzen und dann mit Mineralwasser auffüllen. Das Ganze etwa eine Stunde leicht köcheln lassen und abpassieren. Abkühlen lassen.

2. Aus Eiweiß, Sojasauce, Mirin und den Gewürzen einen Kläransatz herstellen. Den Gemüsefond mit Kläransatz und einer Handvoll Eiswürfel kalt ansetzen, langsam zum Kochen bringen. Die Steinpilze zufügen und für etwa 45 Minuten ziehen lassen und durch ein Tuch, am besten Etamin, abpassieren und abschmecken.

3. Aus den Scheiben vom Roggenbrot Rechtecke von 3 cm x 10 cm zuschneiden und diese zwischen zwei Silikonbackmatten knusprig ausbacken. Die Steinpilze säubern, halbieren und in schaumiger Butter und mit klein geschnittener Schalotte anschwitzen. Danach hacken und auf den krossen Brotcrackern anrichten

4. Die geklärte Essenz erhitzen und die vorbereiteten Gemüsewürfel kurz miterwärmen. In einem Tumbler servieren. Die Cräcker abwechselnd mit den Steinpilzen übereinanderschichten und neben der Essenz auf einer kleinen Platte anrichten.

Für 4–6 Personen

Basisfond Gemüse
50 g Lauch
50 g Karotte
50 g Knollensellerie

100 g weiße Zwiebeln
150 g Lauch
150 g Karotte
150 g Knollensellerie
Butter, Olivenöl
3 l Mineralwasser

Kläransatz
10 Eiweiß
100 ml salzreduzierte Sojasauce
100 ml Mirin (japanischer Reisessig)
3 Lorbeerblätter
10 schwarze Sarawak-Pfefferkörner
8 Pimentkörner
3 Nelken
2 Stängel glatte Petersilie
300 g Steinpilze, getrocknet

Cracker
6 Scheiben Roggenbrot,
3 mm stark geschnitten
200 g frische Steinpilze
1 mittelgroße Schalotte
etwas Butter

66

Gekühlte Selleriemilch

knuspriges Gemüse

Für 6 Personen

Gekühlte Selleriemilch
500 g Knollensellerie
900 ml Vollmilch, 3,5 % Fett
Salz

Knuspriges Gemüse
je 50 g
Karotte
ungeschälte La Ratte-Kartoffel
Rote Bete
Knollensellerie
Pastinaken
Petersilienwurzel
Kerbelwurzel
gezupfte Blätter von
glatter Petersilie
Traubenkernöl zum Ausbacken

1. Den Sellerie schälen und klein würfeln, in der Milch aufkochen und 20 Minuten ziehen lassen. Dann abpassieren, mit Salz abschmecken und zum Abkühlen in Eiswasser setzen.

2. Das Gemüse sollte blättrig und hauchfein geschnitten sein. Alle Gemüsesorten am besten am Vortag in Traubenkernöl knusprig ausbacken.

3. Die verschiedenen Gemüse zu gleichen Teilen mischen und auf je einem Teller pro Person anrichten. Erst am Tisch mit kalter Selleriemilch aufgießen.

Geschäumte Velouté

Gillardeau-Austern
Mumbai-Curry

1. Die Austern öffnen. Die Butter schaumig werden lassen und mit Curry abstäuben, dann 10 Austern mit ihrem »Wasser« zugeben, mit Champagner ablöschen und Sahne zugeben. Einmal leicht ankochen lassen, dann sofort mixen, passieren, salzen und pfeffern und mit einem Spritzer Menton-Zitrone abschmecken.

2. Die Brotscheiben am Vortag an der Luft trocknen lassen. Die Austern zu Tatar schneiden und mit den Gurkenwürfeln, frisch gehacktem Koriander und etwas Limonensaft abschmecken.

3. Das Austerntatar auf dem Brotchip anrichten und zur frisch aufgeschäumten Velouté servieren.

Für 4–6 Personen

16 Gillardeau-Austern Größe M4
davon 6 große Austern für das Tatar
beiseite stellen

120 g Butter
1 TL Mumbai-Curry
200 ml Champagner
100 ml Sahne, 33% Fett
Salz, Pfeffer
1 Spritzer Menton-Zitrone

Tatar von der Auster auf Quarkchip
4 dünne Scheiben Quarkbrot
6 große Austern
1 EL blanchierte kleine Gurkenwürfel
Koriandergrün
etwas Limonensaft

Fisch und Krustentiere

Blauer Hummer
Meerwolf
Seezunge vom kleinen Boot
Drachenkopf
Seeteufel
Skrei – Winterkabeljau

Blauer Hummer

grüner Spargel von »Robert Blanc«
Kompott und Krustel vom Schweinefuß

1. Den Hummer in gut gesalzenem Wasser mit dem Kümmel ca. 5–6 Minuten glasig garen. Sofort in Eiswasser abschrecken, quer halbieren und den Darm ziehen. Die Scheren und Gelenke knacken und auslösen. Anschließend kühl stellen.

2. Für den Fond den Sellerie und die gewürze im Wasser aufkochen. Die Schweinefüße im kräftig abgeschmeckten Fond ca. 2½–3 Stunden sanft garen lassen. Dann die Schweinefüße entnehmen und im warmen Zustand auslösen. Das Fleisch abkühlen lassen und würfeln. Den Fond abschmecken und mit Butter sämig einköcheln lassen. Alles zusammen in eine kleine Form geben und fest werden lassen. Aus einem Teil der gelierten Masse Würfel schneiden, panieren und knusprig ausbacken. Die verbleibende Masse für das Kompott verwenden.

3. Den grünen Spargel in Salzwasser bissfest abkochen, die Petersilie fein schneiden und mit den Gemüsewürfeln in wenig Gemüsebrühe und Butter glasieren. Das Kompott vom Schweinefuß erwärmen und das Gemüse einrühren.

4. Den Spargel auf einem Teller anrichten, darauf den Hummer und das Krustel vom Schweinfuß platzieren und mit dem Kompott angießen. Die Hummerschwänze mit Salz und Pfeffer würzen, in der Karkasse in Olivenöl anbraten mit Knoblauch und Rosmarin in leicht glasieren und alles auf einem warmen Teller anrichten.

Für 4 Personen

Blauer Hummer
2 bretonische Hummer à 500–600 g
1 Handvoll Kümmel

Kompott vom Schweinefuß
6 gepökelte Schweinefüße
(beim Metzger vorbestellen)
3 l Wasser
2 Stangen Staudensellerie
3 Nelken
2 Lorbeerblätter
15 schwarze Sarawak-Pfefferkörner
5 Pimentkörner
5 Knoblauchzehen
50 g Pökelsalz
5 weiße Zwiebeln
½ Bund glatte Petersilie
50 g Butter

Grüner Spargel
12 Stangen bester grüner Spargel
glatte Petersilie
100 g kleine Gemüsewürfel
(Karotte, Lauch, Knollensellerie)
etwas Gemüsebrühe
Salz, Pfeffer
Olivenöl
Knoblauch
Rosmarin

74

Meerwolf

Salpicon vom geschmorten Kalbsherz
Périgord-Trüffel

Für 4 Personen

Salpicon vom geschmorten Kalbsherz
(muss drei Stunden schmoren)
3 Kalbsherzen
4 rote Zwiebeln
1 kleiner Bund Staudensellerie
3 Nelken
6 Pimentkörner
20 schwarze Pfefferkörner
Salz
weißer Kaveri-Pfeffer
aus der Mühle
750 ml Weißwein
1 TL Tomatenmark
2 Lorbeerblätter
Thymian
Rosmarin
80 g Butter

Meerwolf
(erst kurz vor dem Servieren zubereiten)
4 Mittelstücke (Darne)
von etwa 180 g mit Haut
Knoblauch
Rosmarin
etwas Mehl
Olivenöl
Salz
weißer Kaveri-Pfeffer
aus der Mühle

2 Braeburn-Apfel
1 Knollensellerie
100 g Périgord-Trüffel
500 ml Madeira

1. Die Kalbsherzen von Gefäßen und Sehnen befreien. Die Zwiebeln in etwas Olivenöl anschwitzen und den Staudensellerie zufügen. Die Kalbsherzen mit Salz und Kaveri-Pfeffer würzen, anbraten, auf das angeschwitzte Röstgemüse legen und mit Weißwein ablöschen. Alles bei 140 °C ungefähr 3 Stunden im Backofen weich schmoren. Die Herzen abkühlen lassen und fein würfeln. Den entstandenen Schmorfond einreduzieren, mit Tomatenmark und den Gewürzen abschmecken, mit Butter binden und aufmontieren.

2. Den Knollensellerie schälen, die Hälfte davon würfeln und die andere Hälfte entsaften. Die Selleriewürfel im eigenen Saft weich garen. Die Äpfel in der gleichen Größe wie den Sellerie würfeln und mitgaren.

3. Die Périgord-Trüffel in Würfel schneiden, in schaumiger Butter anschwitzen, mit Madeira ablöschen. alles zusammen als Kalbsherzkompott mit dem Sellerie und dem Apfel als Einlage anrichten.

4. Die Meerwolffilets würzen, leicht mehlieren und auf der Haut anbraten. In der heißen Pfanne bei 180 °C ca. 8–9 Minuten glasig fertig garen und auf dem Kompott anrichten.

Seezunge vom kleinen Boot

gebratenes Zitronen-Kopfsalat-Cassoulette

1. Für die Seezunge die Haut abziehen, die Filets auslösen und beliebig zuschneiden. Die Filets mit 100 g Salzbutter in einen Vakuumbeutel einschweißen. Bei ca. 60 °C Wassertemperatur 15–18 Minuten garen.

2. Die klein geschnittenen Kopfsalatherzen in Nussbutter kurz anschwitzen. Die Zitronenfilets zugeben und sofort auf ein Sieb geben und abtropfen lassen. Den Zitronen-Kopfsalat auf dem heiß gerührten Kartoffelpüree anrichten.

3. Den Champagner aufkochen und die Butter, Crème fraîche und die Gewürze einmixen.

4. Auf einem vorgewärmten Teller das Fischfilet platzieren und das Cassoulette vom Kopfsalat mit dem Kartoffelpüree dazu anrichten. Sofort servieren.

Für 4 Personen

Seezunge
1 Seezunge aus der Vendée,
ca. 1,2 kg
100 g Salzbutter

Zitronen-Kopfsalat-Cassoulette
2 Kopfsalatherzen
Nussbutter
Filets von 1 Menton-Zitrone
200 g Kartoffelpüree von
La Ratte-Kartoffeln
30 g Butter

Champagne Nage
300 ml Champagner
60 g Butter
60 g Crème fraîche
Salz, Cayenne-Pfeffer

Drachenkopf

Bouillabaisse-Gemüse

Für 4 Personen

Drachenkopf
1 Drachenkopf von 2 kg
1 Knoblauchzehe
2 Zweige Rosmarin
etwas Mehl
Olivenöl / Butter

Bouillabaisse-Gemüse
je 50 g blättrig geschnitten
Knollensellerie
Staudensellerie
Karotte
Fenchel
Lauch
1 Schalotte, in feine
Scheiben geschnitten
2 g Safranfäden
Passe-Pierre-Algen
Olivenöl
½ Zitronenschale
½ Orangenschale
2 Knoblauchzehen
1 Rosmarinzweig
50 ml Pernod
50 ml Noilly Prat
100 ml Weißwein
200 ml Fischfond
Salz, Cayenne-Pfeffer
frischer Zitronensaft
Zitronenöl

Zitronen-Grießklößchen
250 ml Milch
80 g Hartweizengrieß
1 Ei
½ Zitronenabrieb
1 Spritzer Zitronenolivenöl
Salz

1. Den Fisch schuppen, ausnehmen und filetieren. Die Filets parieren und in vier gleich große Portionen schneiden.

2. Den Sellerie, die Karotte und den Fenchel mit einer in feine Scheiben geschnittenen Schalotte farblos in etwas Olivenöl anschwitzen. Dann 2 g Safranfäden zugeben. Dazu die Zitronen- und Orangenschale, den Knoblauch und den Rosmarin geben und ebenfalls anschwitzen. Mit Pernod, Noilly Prat und Weißwein ablöschen und dann mit dem Fischfond aufgießen. Bei leichter Hitze das Gemüse im Sud bissfest garen. Abschmecken mit Salz, Cayenne-Pfeffer etwas frischem Zitronensaft und Zitronenöl. Nun die Zitronen- und Orangenschale herausnehmen und kurz vor dem Anrichten die Algen und den blanchierten Lauch zugeben.

3. Die Milch aufkochen, den Grieß einrieseln lassen und abbrennen. Leicht kalt rühren, dann das Ei einarbeiten und den Zitronenabrieb und das Zitronenolivenöl zufügen. Den Teig mit etwas Salz abschmecken. Aus dem Teig die Klößchen formen. In leicht kochendem Wasser pochieren und in Zitronenolivenöl einlegen.

4. Die Fischfilets kurz vor dem Servieren auf der Hautseite leicht mehlieren, in Olivenöl braten und in etwa 8 Minuten glasig garen. Die Bouillabaisse mit dem Gemüse, den blanchierten Algen und dem Lauch in einem flachen Teller anrichten und darauf das Fischfilet setzen.

Seeteufel

schwarzes Öl
Zucchini

1. Die Zucchini der Länge nach halbieren, mit den Aromaten in Olivenöl anbraten und weich garen. Auf einem Tuch abfetten lassen und mit einer Gabel leicht anquetschen. Alle Zutaten für den Tempurateig zu einer dickflüssigen Konsistenz rühren. Die Zucchiniblüten halbieren, in den Tempurateig tauchen und in Öl ausbacken.

2. Die Oliven mit dem Öl mixen und durch 3 Siebe laufen lassen. Die Seeteufelmedaillons würzen und in schwarzem Öl ca. 9–10 Minuten bei kleiner Hitze im Backofen glasieren, dabei immer wieder begießen.

3. Die Zucchini auf dem Teller anrichten, den Seeteufel darauflegen und mit dem schwarzen Öl beträufeln. Die Zucchiniblüten getrennt dazu servieren.

Für 4 Personen

Zucchini
12 Mini-Zucchini, grün
1 Rosmarinzweig
1 Thymianzweig
1 Knollensellerie
2 Zucchiniblüten

Tempurateig
50 g Mehl Typ 405
50 g Stärke
kaltes Wasser
Salz, Weißwein, Cayenne-Pfeffer

Seeteufel
4 große Seeteufel-Filets à 180 g, küchenfertig pariert
Knoblauch
Rosmarin
Salz, weißer Kaveri-Pfeffer aus der Mühle

Schwarzes Öl
300 g schwarze getrocknete Oliven
200 ml hochwertiges Olivenöl

82

Skrei – Winterkabeljau

Wakame-Algen
kleine Tintenfische
schaumige Kartoffel-Velouté
geeistes Olivenöl

Für 4 Personen

Skrei – Kabeljau
4 Mittelstücke (Darbe) vom Winterkabeljau (Skrei) à 180 g mit Haut
12 geputzte kleine Calamaretti
4 Rosmarinzweige
4 Knoblauchzehen
Salz, weißer Kaveri-Pfeffer
etwas Mehl
Olivenöl
Nussbutter
50 g getrocknete Wakame-Algen

Geeistes Olivenöl
200 ml hochwertiges Olivenöl
40 ml Wasser
asiatische Krabbenchips »Kroepoek«
Nussbutter

Schaumige Kartoffel-Velouté
100 g Butter
3 La Ratte-Kartoffeln
1 Zitronenschale
1 Sternanis
1 Lorbeerblatt
1 große Schalotte
1 Spritzer Champagneressig
400 ml Gemüsefond
Salz, Muskat
30 g Butter

1. Die Algen in kaltem Wasser einweichen, ausdrücken und vor dem Anrichten kurz in Nussbutter anschwenken. Die Fischfilets mit Salz und Pfeffer würzen, auf der Hautseite leicht mehlieren und in Olivenöl anbraten. Den Knoblauch und den Rosmarin zugeben und ca. 8 Minuten glasig garen. Die Calamaretti in heißem Olivenöl mit Aromaten nach Wahl kurz anschwenken und gleich servieren.

2. Das Olivenöl und das Wasser am besten zusammen in einer Pacojet-Dose einfrieren und am nächsten Tag pacossieren, ansonsten die Olivenöl-Wasser-Emulsion in einem Behälter einfrieren und dann abschaben. Kleine Rechtecke von ausgebackenem Krabbenbrot als Sockel für das geeiste Olivenöl benutzen.

3. Die Kartoffeln schälen und in der Butter mit der in feine Scheiben geschnittenen Schalotte und den Gewürzen anschwitzen. Dann mit einem Spritzer Champagneressig ablöschen, mit 400 ml Gemüsefond auffüllen und 30 Minuten kochen. Die Kartoffeln sollten schon leicht zerfallen. Dann passieren, nicht durchquetschen, und nur in einem Sieb abtropfen lassen. Mit Salz und Muskat würzen und eventuell nochmals Butter zur Bindung einmixen.

4. Die in Butter geschwenkten Algen auf einen Teller legen und darauf die Calamaretti und das geeiste Olivenöl auf den Chips anrichten. Das glasig gegarte Fischfilet seitlich anlegen.

Fleisch

Noir de Bigorre-Schwein
Brust vom Mieral-Perlhuhn
Taube
Maibock
2-mal Ravioli vom geschmorten Atter-Ochs
Corrèze-Kalb

Noir de Bigorre-Schwein

Schulter
knuspriger Bauch
Süßholz
geröstete Gurke
gebratener Pulpo

1. Die Schulter gut würzen und mit den restlichen Zutaten 1 Woche marinieren, dabei täglich wenden und einmassieren. Dann vakuumieren und 30 Stunden bei 55 °C Wassertemperatur garen, erkalten lassen und in Scheiben schneiden. Die Schweineschulter wiederum vakuumieren und kühl legen. Aus dem entstandenen Garsud später die Sauce herstellen.

2. Für den Schweinebauch die Gewürze und den Riesling mischen und den Schweinebauch eine Woche darin einlegen. Dann den Schweinebauch herausnehmen, fein einschneiden und auf einem Schalotten-Kartoffelbett bei 120 °C ca. 2 ½–3 Stunden knusprig garen. Dabei immer wieder mit Wasser übergießen. Schließlich portionieren und heiß legen.

3. Die Gurke schälen und in feine Würfel schneiden. Die Schalotte ebenfalls würfeln, in Butter und Olivenöl farblos anschwitzen und die Knoblauchzehe zufügen. Die Perlgraupen kurz mit andünsten und mit dem Weißwein und dem Gemüsefond ablöschen. Die Graupen leicht bissfest garen. Zum Schluss die Gurkenwürfel zugeben und mit etwas Gurkenessig parfümieren.

4. Den Pulpo kurz vor dem Servieren in aromatisiertem Olivenöl kurz anschwenken. Den Bauch in rechteckige Portionen schneiden, dazu eine dünne Scheibe von der Schulter geben und mit dem Pulpo und dem Gurken-Bulgur anrichten.

Für 4 Personen

Schweineschulter
(muss eine Woche marinieren und
30 Stunden garen)
1,2 kg ausgelöste Schulter vom Noir
de Bigorre-Schwein mit schöner
Fettabdeckung
400 ml Haselnussöl
15 g Süßholz, grob geschrotet
20 g Süßholzpaste (Lakritz)
Saft von ½ Zitrone
Saft von ½ Limone
10 Limettenblätter
1 Stängel Zitronengras
1 Knoblauchknolle
100 g Himalaya-Salz

Knuspriger Bauch
(muss eine Woche marinieren)
400 g Schweinebauch
30 g Meersalz
weißer Kaveri-Pfeffer aus der Mühle
375 ml Riesling
1 Lorbeerblatt
2 Thymianzweige
2 Rosmarinzweige
6 Basilikumblätter

Gurken-Bulgur
1 Gurke
1 kleine Schalotte
Butter, Olivenöl
1 Knoblauchzehe
100 g feine Perlgraupen
50 ml Weißwein
300 ml Gemüsefond
Spritzer Gurkenessig

Gebratener Pulpo
40–60 g küchenfertiger Pulpo
Olivenöl
Thymian, Rosmarin

Brust vom Mieral-Perlhuhn in Trüffelinfusion

»sous vide« gegart
Knollensellerie auf zwei Arten
Périgord-Trüffel-Aufguss

Für 4 Personen

Perlhuhn
1 Perlhuhn von Mieral, ca. 1,6 kg
250 g Périgord-Trüffel
1 Karotte
100 g Weißes vom Lauch
1 kleines Bund Staudensellerie
3 weiße Zwiebeln
2 Petersilienstängel
1 Knoblauchzehe
2 Rosmarinzweige
1 Thymianzweig
2 Lorbeerblätter
50 g Meersalz
10 Pfefferkörner
2 Nelken
6 Pimentkörner

3 kg Eiswürfel

1 Sellerieknolle
Salz, Pfeffer
Sahne
Butter

1. Das Perlhuhn auslösen, die Brüste von der Haut befreien und beiseite stellen. Die Geflügelkarkasse und Keulen klein hacken und mit Gemüse und Gewürzen zur Brühe ansetzen. Die Eiswürfel zugeben und alles 1 ½–2 Stunden köcheln lassen. In jede Perlhuhnbrust längs eine Tasche einschneiden, das Fleisch würzen und die Fleischtasche großzügig mit Trüffelscheiben füllen. Die Brust wieder schließen. Jeweils eine gefüllte Brust mit abgekühltem Perlhuhnfond und gehackten Trüffeln vakuumieren. Dafür ca. 300 ml Fond pro Beutel verwenden. Die Perlhuhnbrust bei 62 °C ca. 15–18 Minuten im Vakuum garen.

2. Für den Knollensellerie auf zwei Arten den Sellerie schälen und ein Drittel davon würfeln. Ein Drittel entsaften. Die Würfel darin mit Salz, Pfeffer und etwas Muskatnuss weich garen. Vom restlichen klein geschnittenen Sellerie mit Sahne und Butter eine feine Creme herstellen.

3. Auf einen vorgewärmten Teller zuerst die Selleriecreme und dann die Würfel geben, darauf die Taubenbrust setzen und den Trüffelfond angießen.

Taube

Thymianblüten
Bitterschokoladen-Croustillant
Tomate »Coeur de boeuf«
geräucherter Auberginen-Kaviar

1. Die Tauben auslösen und die Brüste beiseite stellen. Aus den Karkassen mit Tomatenmark, Sellerie, Gewürzen und dem Alkohol eine Jus herstellen. Dazu die Karkassen anrösten, das Tomatenmark, gewürfelten Sellerie und Gewürze zugeben und weiterrösten. Zuerst mit Cognac, dann mit Rot- und Portwein ablöschen und mit dem Wasser auffüllen. Auf die gewünschte Konsistenz einkochen, passieren und mit der Butter abbinden. Die Brüste anbraten, bei 200 °C ca. 5 Minuten im Backofen garen, danach 8–10 Minuten ruhen lassen. Die kleinen Filets und die Haut entfernen. Vor dem Servieren die Brust in aufgeschäumter Butter mit etwas Thymian und Rosmarin kurz nachbraten.

2. Den Zucker mit Apfelpektin und Kakaopulver mischen. Die Butter mit Glucose und Kakaomasse schmelzen lassen. Das Wasser bei kleiner Hitze zugeben. Alles sorgfältig miteinander verrühren. Ganz leicht zum Kochen bringen und 24 Stunden ruhen lassen. Mit einer Palette Portionen auf ein Blech geben, maximal 8 Minuten bei 140 °C backen und sofort um einen Holzlöffelstiel formen.

3. Für die Ochsenherztomaten das Fleisch aus den ganzen Tomaten mit dem Apfelentkerner ausstechen, so dass länglich runde Stäbchen entstehen. In Olivenöl anschwitzen, würzen und mit Thymianblüten abschmecken. Im Bitterschokoladen-Croustillant anrichten.

4. Die Auberginen mit den Aromaten würzen, in Alufolie einwickeln und bei 180 °C ca. 1 Stunde im Backofen weich garen. Kurz auskühlen lassen, der Länge nach halbieren und auf einen passenden runden Rost setzen, der später in den »Räuchertopf« passt. Das Räuchermehl im Topf erhitzen, den Rost aufsetzen und einen Deckel darauflegen. Die Auberginen ca. 20 Minuten räuchern, dann entnehmen und das Fruchtfleisch herauskratzen. Das Fleisch der Auberginen grob hacken. Mit Salz, Pfeffer, Olivenöl und Limonensaft abschmecken. Dazu Spitzen von Thymian und Rosmarin geben.

5. Den Auberginen-Kaviar auf einen Teller geben. Darauf die Taubenbrust anrichten. Das Croustillant mit Tomatenstäbchen füllen und dazu dekorieren. Mit Jus von der Taube angießen.

Für 4 Personen

Taube
3 große Mieral-Tauben
1 TL Tomatenmark
5 Stangen Staudensellerie
5 rote Zwiebeln
3 Rosmarinzweige
3 Thymianzweige
1 Lorbeerblatt
2 Nelken
3 Pimentkörner
15 schwarze Sarawak-Pfefferkörner
4 cl Cognac
700 ml Syrah-Rotwein
100 ml Portwein rot
3 l Wasser
50 g Butter

Bitterschokoladen-Croustillant
(muss 24 Stunden ruhen)
75 g Zucker
1,25 g Apfelpektin
5 g Kakaopulver
25 g Butter
20 g Glucose
25 g Kakaomasse 100% (Valrhona)
40 ml Wasser

**Ochsenherztomate
»Coeur de boeuf«**
2 große Ochsenherztomaten
1 gute Prise gehackte Thymianblüten
Salz, weißer Kaveri-Pfeffer
aus der Mühle
Zucker, Olivenöl zum Anschwenken

Geräucherter Auberginen-Kaviar
3 Auberginen
3 Knoblauchzehen
3 Rosmarinzweige
3 Thymianzweige
50 g Räuchermehl
Salz, weißer Kaveri-Pfeffer
Olivenöl
Limonensaft

92

Maibock

weiße Zwiebelcreme
Röstbrot mit Lardo
Amarena-Kirsch-Tatar
Limette

Für 4 Personen

Maibock
1 Maibockrücken von ca. 2 kg
am Knochen
2 Salz
weißer Kaveri-Pfeffer aus der Mühle
80 g Butter
etwas Butter
2 Wacholderbeeren
1 Schalotte

2 Petersilienwurzeln
5 Stangen Staudensellerie
8 weiße Zwiebeln
3 Rosmarinzweige
3 Thymianzweige
1 Knoblauchknolle
3 Nelken
8 Pimentkörner
15 schwarze Sarawak-Pfefferkörner
1 TL Tomatenmark
100 ml Cognac
750 ml Rotwein
2,5 l Wasser

Weiße Zwiebelcreme
12 weiße geschälte Zwiebeln,
in feinen Scheiben
700 ml Mineralwasser, mit Gas
50 ml Olivenöl
50 g Butter
100 ml Sahne
Salz, Zucker

Röstbrot
4 Scheiben Graubrot
4 Scheiben Lardo
40–50 g Amarena-Kirschen
Abrieb von ½ Limette

1. Den Maibock auslösen, von Sehnen befreien und portionieren. Aus Knochen, Gemüse, Gewürzen und dem Alkohol eine Wildjus kochen. Vor dem Servieren den Maibockrücken mit Salz und Pfeffer aus der Mühle würzen und bei 200 °C ca. 9 Minuten rosa braten. Das Fleisch 10 Minuten ruhen lassen. In schaumiger Butter mit der klein geschnittenen Schalotte und den Wacholderbeeren nachbraten.

2. Für die Zwiebelcreme die Zwiebeln in einer Mischung aus Butter und Olivenöl farblos anschwitzen. Mit dem Mineralwasser ablöschen und weich kochen, bis alle Flüssigkeit verdampft ist. Die Sahne angießen, mit Salz und etwas Zucker abschmecken und im Mixer zu einer feinen Creme pürieren.

3. Die Brotscheiben rösten und mit Lardo belegen. Darauf gehackte Amarena-Kirschen und etwas Limettenabrieb anrichten.

4. Auf einen vorgewärmten Teller etwas Wildjus geben und darauf eine Tranche vom Maibock anrichten. Als Beilage das geröstete Brot mit Lardo und Amarena-Kirschen auf den Teller legen. Die Zwiebelcreme in die Mitte des Tellers geben.

2-mal Ravioli vom geschmorten Atter-Ochs

1. klassisch – à la Rossini
2. modern – Limonengelee
   Enoki
   Kresse
   Wasabi

1. Die Rinderschulter 3 Stunden einsalzen. Das Salz von der Rinderschulter abreiben, mit den Gewürzen, Zwiebeln, Knoblauch und dem Alkohol mindestens 3 Tage marinieren. Das Fleisch in Olivenöl anbraten, die Karotten mit Tomatenmark anschwitzen und den vorher aufgekochten Marinierfond aufgießen. Die Schulter darin bei 150 °C ca. 3–3 ½ Stunden weich schmoren. Anschließend auskühlen lassen, würfeln und aus dem entstandenen Fond die Sauce herstellen.

2. Die Entenstopfleber portionieren, würzen, mehlieren und von beiden Seiten kurz anbraten. Dann auf einen Teller mit der Sojasauce setzen. Bei 200 °C ca. 6 Minuten im Backofen garen.

3. Für die klassischen Ravioli den Nudelteig rund ausstechen und blanchieren. Das Wasser mit Zitronen- und Limonensaft und dem Agar-Agar aufkochen, passieren und sofort auf einem Blech ausgießen. Nach dem Erkalten mit dem gleichen Durchmesser wie der Nudelteig ausstechen.

4. Für die modernen Ravioli das Ochsenragout auf den Nudelteig geben, etwas Wasabipüree anrichten und den »Deckel« aus Limonengelee daraufsetzen. Kurz angeschwitzte Daikon- und Shisokresse und Enokipilze darauf anrichten. Für die klassischen Ravioli das Ragout zwischen zwei Nudelblätter geben. Darauf gehackte Trüffel und Entenstopfleber setzen und obenauf ein Brotcrôuton legen.

Für 4 Personen
(muss mindestens drei Tage marinieren)

Rinderschulter
1,2 kg Ochsenschulter vom Atterochs
400 g Meersalz
6 rote Zwiebeln
1 Knoblauchknolle
750 ml Rotwein
300 m Portwein, rot
300 ml Madeira
20 schwarze Sarawak-Pfefferkörner
3 Nelken
8 Pimentkörner
5 Rosmarinzweige
5 Thymianzweige
2 Lorbeerblätter
2 Karotten
2 TL Tomatenmark
Olivenöl zum Anbraten

180 g Entenstopfleber
250 g Périgord-Trüffel
etwas Mehl
1 EL salzreduzierte Sojasauce

Ravioli
250 g frischer Nudelteig
400 ml Wasser
1 Zitronensaft
½ Limonensaft
5 g Agar-Agar
Abrieb von 1 Limone

Wasabipüree
Daikon- und Shisokresse
Enokipilze
Brotcroutôn

96

Corrèze-Kalb

1. karamellisierte Brust und Herzbries
   lauwarme Trüffel-Melange
2. Kotelett
   cremierter Winterspinat
   Pommes Maxime

Für 4 Personen

Kalbsbrust
1 kg Kalbsbrust
3 Stangen Staudensellerie
5 rote Zwiebeln
3 Rosmarinzweige
3 Thymianzweige
10 schwarze Sarawak-Pfefferkörner
2 Nelken
5 Pimentkörner
1 Lorbeerblatt
1 TL Tomatenmark
750 ml Weißwein
500 ml Madeira
4 küchenfertige Kalbsherzbries à 40 g
200 ml Milch
Lorbeer, Schalotte, weißer Pfeffer,
Knoblauch, Rosmarin, Thymian
Nussbutter

Trüffel-Melange
100 g Périgord-Trüffel
20 g Butter
100 ml Madeira
200 ml fertige Kalbsjus

Kotelett
1 Kalbskotelett à 800 g,
geputzt mit Knochen
Salz, weißer Kaveri-Pfeffer
aus der Mühle
Rosmarin, Thymian
30 g Butter

Cremierter Winterspinat
300 g fertiger Spinat
100 g Butter
60 ml Noilly Prat
100 ml Sahne
Salz, Muskat

4 große fest kochende
Agria-Kartoffeln

1. Die Kalbsbrust von Sehnen und Knorpel befreien und anbraten. Das Gemüse und die Gewürze anschwitzen. Das Tomatenmark zugeben, kurz anrösten und mit Weißwein und Madeira ablöschen. Die Kalbsbrust bei 150 °C ca. 2 Stunden weich schmoren. Danach kurz abkühlen lassen und in Würfel schneiden. Das Bries in Gewürzmilch garen, dann in (gebräunter) Nussbutter etwa 5 Minuten anrösten und dabei immer wieder begießen.

2. Für die Melange die Trüffel in feine Streifen schneiden, in schaumiger Butter anschwitzen und mit Madeira ablöschen. Die Kalbsjus zugeben, auf gewünschte Konsistenz einkochen und eventuell mit eiskalter Butter binden.

3. Das Kotelett mit Salz und weißem Kaveri-Pfeffer aus der Mühle würzen. Von allen Seiten anbraten und dann bei 200 °C etwa 50 Minuten im Backofen garen. Anschließend unbedingt mindestens 20 Minuten ruhen lassen. Zum Schluss mit Aromaten in schaumiger Butter nachbraten.

4. Den Spinat blanchieren und abschrecken. Die Butter zu Nussbutter schmelzen und den Spinat kurz darin anschwitzen. Mit Noilly Prat ablöschen und die Sahne dazugießen. Dann den Spinat kurz ankochen, mixen und mit Salz und Muskat abschmecken. Sofort auf Eiswasser kalt rühren.

5. Für die Pommes Maxime modern die Kartoffeln schälen, 1 mm stark aufschneiden und eine halbe Stunde unter fließendem kaltem Wasser wässern, damit die Stärke ausgespült wird. Auf Küchenpapier trocken legen. Die Kartoffelscheiben auf einem gebutterten Blech überlappend dünn auslegen, mit Backpapier bedecken und mit einem zweiten Blech beschweren. Bei 150 °C ca. 1 Stunde ausbacken.

6. Im ersten Gang die Kalbsbrust und das Bries mit der Trüffel-Melange servieren. Im zweiten Gang das Kotelett mit dem kurz erwärmten Spinat und den Pommes Maxime auftragen.

Gemüse

Hommage an Leipzig
Knusprige Rote Bete
Römersalat und Gemüse in Reispapier gebacken
Lauwarmes Tatar von jungen Rübchen
Panisses / Mesclun-Salat
Bratbrot

Hommage an Leipzig

Fleuron modern

Für 4 Personen

Flusskrebse
16 ausgelöste Flusskrebse,
küchenfertig vorbereitet
200 g weiße Rüben
200 g Knollensellerie
200 g Karotten
50 g breite Bohnen,
in Quadrate geschnitten
50 g frische Erbsen
16 grüne Spargelspitzen

Pilze
16 frische Spitzmorcheln
1 kleine Schalotte
30 g Butter
30 ml Sherry

Grießklößchen
250 ml Milch
80 g Hartweizengrieß
1 Ei
½ Zitronenabrieb
1 Spritzer Zitronenöl

Quarkbrot-Cracker
Crème fraîche
Schnittlauch
Salz, Cayenne-Pfeffer
Zitronenfruchtfleisch

1. Die Karotten, den Knollensellerie und die weißen Rüben würfeln. Davon die Hälfte einzeln entsaften und die restlichen Würfel separat im eigenen Saft garen. Die Bohnen, Erbsen und den Spargel bissfest blanchieren. Die Morcheln mit Schalottenwürfeln in Butter anschwitzen und mit Sherry ablöschen.

2. Für die Grießklößchen die Milch aufkochen, den Grieß einrieseln lassen und abbrennen, kurz abkühlen lassen und dann das Ei einarbeiten. Mit Zitronenabrieb und -öl abschmecken. Zu Klößchen formen und in gut gesalzenem Wasser pochieren.

3. Dünne Quarkbrotscheiben von 2 mm Stärke am Vortag trocknen. Angeschlagene Crème fraîche mit Schnittlauch, Salz, Cayenne-Pfeffer und kleinen Würfeln von Zitronenfruchtfleisch abschmecken. Das Gemüse mit Flusskrebsen, Morcheln und Grießklößchen in einem tiefen Teller anrichten und den Cracker mit Crème fraîche dazureichen.

Anmerkung

Fleuron modern
Das leichte Quarkbrot ersetzt hier die klassische Beilage, die früher in Form eines Blätterteigkissens zum Leiziger Allerlei gereicht wurde.

Knusprige Rote Bete

Sauerrahm
Périgord-Trüffel

1. Den Zucker mit der Glucose zu Karamell kochen, das Püree dazugeben, kurz durchkochen, kalt stellen und 24 Stunden ziehen lassen. Dann die Masse dünn, eventuell mit einer Schablone, auf eine Silikonmatte aufstreichen und in die gewünschte Form bringen. Bei 120 °C ca. 30 Minuten backen und noch warm einen Hohlkörper formen.

2. Die Gelatine einweichen, ausdrücken und in wenig warmem Wasser auflösen, unter den Sauerrahm rühren, eventuell passieren und die Crème fraîche dazugeben. Mit Limonensaft, Salz und Pfeffer abschmecken und in den Siphon füllen.

3. Den Sauerrahm in die ausgekühlten Formen der Roten Bete spritzen und nach Geschmack mit fein geschnittenem Périgord-Trüffel, Imperial-Kaviar oder Würfeln von Roter Bete dekorieren.

Für 4 Personen
(muss einen Tag ziehen)

Rote Bete
150 g Rote-Bete-Püree
200 g Zucker
5 g Glucose

Sauerrahm-Schaum
300 g Sauerrahm
200 g Crème fraîche
2 Blätter Gelatine
1 Spritzer Limonensaft
Salz, Cayenne-Pfeffer
1 Patrone für 1 kleinen Siphon
(500 ml)

Anrichtevariationen
Périgord-Trüffel
Imperial-Kaviar
Rote-Bete-Würfel

Römersalat und Gemüse in Reispapier gebacken

japanische Vinaigrette

Für 4 Personen

Reispapier mit Salat und Gemüse
4 Blätter Reispapier
aus dem Asia-Supermarkt
1 Kopf Römersalat
200 g Karotte
200 g Knollensellerie
100 g Lauch
100 g gelber eingelegter
Asia-Rettich
100 g Shiitake-Pilze
Butter
50 g Koriandersprossen
oder Rettichsprossen
Sesamöl
Salz, weißer Kaveri-Pfeffer

Japanische Vinaigrette
200 ml salzreduzierte Sojasauce
1 Spritzer Mirin
(japanischer Reisessig)
Sesamöl
Sushi-Ingwer rosé und Saft
Koriandergrün

1. Das Reispapier in ein feuchtes Küchentuch einschlagen, bis es weich ist. Den Römersalat im Ganzen blanchieren und gut ausdrücken. Die Karotte und den Sellerie in lange Streifen schneiden und im eigenen Saft garen. Den Lauch in lange Streifen schneiden und in Salzwasser blanchieren. Den Rettich in Streifen schneiden, die Pilze in Butter anschwitzen. Alle Gemüse und die Sprossen mischen und mit Sesamöl, Salz und Pfeffer marinieren. Das Reispapier mit Eiweiß bestreichen und mit Römersalat und Gemüse füllen. Bei 190 °C ca. 15–20 Minuten im Backofen knusprig backen.

2. Die Sojasauce mit dem Reisessig, dem Sesamöl, gehacktem Ingwer und grob gehacktem Koriandergrün mischen. Das noch warme gefüllte Reispapier auf einen vorgewärmten Teller legen und die Vinaigrette getrennt dazu servieren.

Lauwarmes Tatar von jungen Rübchen

roher Rhabarber
Holunderblüten-Schaum eiskalt

1. Die Navetten schälen und mit Karamellansatz im eigenen Saft garen. Den Rhabarber putzen und fein würfeln. Dann die Rübchen fein hacken und mit Rhabarberwürfeln, Salz, weißem Kaveri-Pfeffer und etwas Akazienhonig abschmecken.

2. Für den Holunderblütenwein alle Zutaten mischen, einmal aufkochen und eine Stunde ziehen lassen. Dann abpassieren und auf Eis gut kühlen.

3. Für den Schaum die Gelatine in etwas temperiertem Holunderblütenwein auflösen, den restlichen Fond im Mixer auf höchster Stufe aufschäumen und langsam die aufgelöste Gelatine zugeben bis ein fester Schaum entsteht. Schnell in die gewünschte Form füllen und kalt stellen. Den Holunderblütenschaum in Würfel schneiden und auf kleine Brotcracker setzen. Zu dem Rübchentatar servieren.

Für 4 Personen

Tatar von jungen Rübchen
50 Mini-Navetten
1 Stange junger roter Rhabarber
Salz, weißer Kaveri-Pfeffer
Akazienhonig

Holunderblütenwein
100 g Holunderblüten
200 g Zucker
1,2 l Chardonnay
½ Zitrone in Scheiben

Holunderblüten-Schaum
200 ml Holunderblütenwein
2½ Blatt Gelatine
Brotcracker

108

Panisses / Mesclun-Salat

Joghurt abgeschmeckt mit Zitronenmelisse, Minze, Koriander und Basilikum

Für 4 Personen

Panisses*
(muss mindestens eine Nacht kühlen)
250 g Kichererbsenmehl
800 ml Wasser
20 ml Olivenöl
1 Spritzer Pernod
Salz, Cayenne-Pfeffer
Muskat, gerieben
Traubenkernöl

Mesclun-Salat
(gemischt zu insgesamt 400 g)
Frisée, gelb
Löwenzahn, gelb
Radicchio, rot
Mizuna-Salat, Stern Ruccola
Kopfsalatherzen
Scharfgarbe, Klee
Gänseblümchen, Spitzwegerich
Hirtentäschel, Borretsch
Sauerampfer, Wiesenkerbel
glatte Petersilie
Schnittlauchspitzen
Minze, Schnittlauchkresse
Shiso, rot und grün
Daikon, rot und grün

Champagner-Vinaigrette
30 ml Champagner
60 ml Gemüsefond
30 ml Olivenöl
Spritzer Zitrone
Salz, Zucker, weißer Kaveri-Pfeffer

250 g Natur-Joghurt
1 EL Zitronenmelisse
1 EL Minze
1 EL Koriander
1 EL Basilikum

* Spezialität in Südfrankreich

1. Die Hälfte des Wassers aufkochen. Das Kichererbsenmehl mit dem restlichen kalten Wasser (400 ml) glatt rühren. Nun kochendes Wasser und Olivenöl zugeben und die Masse dick einkochen. Abschmecken und schnell auf ein Backblech gießen. Für mindestens 1 Nacht kalt stellen. Am nächsten Tag in die gewünschte Form schneiden und kurz vor dem Servieren etwa 3 Minuten bei 180 °C knusprig in Traubenkernöl ausbacken und auf Küchenpapier abtropfen.

2. Den Salat mit möglichst vielen der angegebenen Kräuter herstellen, so hat er ein fast unglaubliches Aroma. Mit Champagner-Vinaigrette marinieren.

3. Für den Joghurt die Kräuter gut hacken und unter den Joghurt mischen. Auf einem mittelgroßen Teller nebeneinander den Salat, das frisch gebackene Panisses und den Joghurt anrichten.

111

Bratbrot

2-mal Topinambur-Strukturen / Nashi-Birne
Nussbutter-Vinaigrette

1. Die Hälfte vom Topinambur schälen und klein würfeln. Die andere Hälfte waschen und im Ganzen in gesalzenem Wasser weich kochen. Anschließend halbieren und das Mark herauskratzen, grob hacken und mit Kirschwasser, Salz, Cayenne-Pfeffer und Limettensaft abschmecken. Einen Esslöffel Zucker mit etwas Wasser bedecken und zu hellem Karamell kochen. Die Topinamburwürfel zugeben und mit einem Spritzer Champagneressig, weißem Portwein und Kirschwasser ablöschen. Dann mit der Gemüsebrühe aufgießen und weich garen. Die Sahne zugießen und etwas einkochen lassen. In einem Küchenmixer zu einer feinen Mousseline mixen. Die Nashi-Birne schälen und würfeln.

2. Die Butter zu Nussbutter schmelzen und mit den restlichen Zutaten zu einer Vinaigrette verrühren. Auf dem getoasteten Brot zuerst die Mousseline, dann das Topinambur-Kompott anrichten und obenauf die Würfel von der Nashi-Birne geben. Die Vinaigrette getrennt dazu servieren und erst am Tisch angießen.

Für 4 Personen

4 Scheiben Nussbrot, 2 cm stark,
ohne Rinde getoastet

Topinambur-Strukturen
1 kg Topinambur*
Kirschwasser
Salz, Cayenne-Pfeffer
Limettensaft
1 EL Zucker
1 Spritzer Champagneressig
20 ml weißer Portwein
20 ml Kirschwasser
200 ml Gemüsebrühe
200 ml Sahne
1 Nashi-Birne

Nussbutter-Vinaigrette
80 g Butter
250 ml Gemüsefond
Salz
weißer Kaveri-Pfeffer
Zucker
ein Spritzer Champagneressig

* auch Erdbirne genannt, gehört zur botanischen
Familie der Korbblütler

112

Desserts

Pousse-Café
Amedei- und Valrhona-Schokoladen-Explosion
Weiße Schokolade / Himbeeren / Sauerampfer
Meyer-Limone / Gurke / Dill
Araguani-Schokoladen-Riegel
Petit fours und Pralinen-Präsentation

Pousse-Café

Granatapfel
Zwergorange
Banane

1. Die Kumquats mit einer Nadel mehrmals einstechen. Das Wasser mit dem Zucker aufkochen, die Kumquats zugeben und nochmals aufkochen. Über Nacht ziehen lassen und am nächsten Tag wieder aufkochen. Mit Grand Marnier abschmecken und 14 Tage marinieren.

2. Den Fond der marinierten Kumquats erhitzen, die eingeweichte Gelatine darin auflösen und mit klein geschnittenen Spalten von Kumquats und Granatapfelkernen vermischen. Als unterste Schicht in ein Martiniglas einsetzen.

3. Die Sahne mit Zucker und Vanilleschote aufkochen. Die eingeweichte Gelatine darin auflösen, den Natur-Joghurt einrühren und mit Limonensaft abschmecken. Anschließend passieren und den Joghurt als zweite Schicht in das Glas einsetzen.

4. Die Banane würfeln und mit Passionsfruchtsaft abschmecken. Als dritte Schicht in das Glas einsetzen. Den Zucker mit der Glucose schmelzen, die Butter einmontieren und die Mandelblättchen unterheben. Auf eine Silikonbackmatte gleichmäßig aufstreichen und die Masse bei ca. 180 °C hellblond backen und ausstechen.

5. Den Orangen- und Limonensaft mit Zucker, Limonenabrieb, Minze und Pfeffer aufkochen und 30 Minuten ziehen lassen. Dann abpassieren und mit den Bananen und der Buttermilch mixen. In der Eismaschine oder im Pacojet gefrieren. Das Bananensorbet als letzte Schicht auf den gewürfelten Bananen anrichten und mit dem Mandelkrokant-Cracker garnieren.

Für 4 Personen

Marinierte Kumquats
(müssen 14 Tage marinieren)
100 g Kumquats
200 g Zucker
200 ml Wasser
Grand Marnier

Passierter Kumquatfond
200 ml Kumquatfond
1 Blatt Gelatine
Kumquatspalten
1 Granatapfel

Joghurt-Cremino
100 ml Sahne
50 g Zucker
1 Tahiti-Vanilleschote
2 Blätter Gelatine
400 g Natur-Joghurt
Limonensaft

1 Banane
Passionsfruchtsaft

Mandelkrokant-Cracker
100 g Zucker
100 g Glucose
75 g Butter
75 g Mandelblättchen

Bananen-Sorbet
100 ml Orangensaft
30 ml Limonensaft
160 g Zucker
Abrieb von 3 Limonen
6 Minzeblätter
2 schwarze Pfefferkörner
2 reife Bananen
300 g Buttermilch

Amedei- und Valrhona-Schokoladen-Explosion

Für 4 Personen

Schokoladen-Savarin
60 g extra Amer-Kuvertüre
(Valrhona)
25 g Kakaomasse 100%
(Valrhona)
80 g Butter
110 g Zucker
4 Eier
45 g Mehl Typ 405

Schokoladen-Sauce
125 ml Sahne
75 g Manjari-Kuvertüre
(Valrhona)
etwa 1 EL Orangenöl

Schokoladen-Sorbet
750 ml Wasser
200 g Zucker
2 EL Kakaopulver Amedei
2 EL löslicher Kaffee
3 Blatt eingeweichte Gelatine
300 g gehackte Schokolade
Amedei No. 9

Knuspriges Schokoladen-Taschentuch
(muss einen Tag ruhen)
50 g Butter
40 g Glucose
50 g Kakaomasse 100%
80 ml Wasser
150 g Zucker
2,5 g Apfelpektin
10 g Kakaopulver

Crème fraîche mit Tahiti-Vanille
Pop Rocks

1. Für den Savarin die Kuvertüre und die Kakaomasse auflösen, die Butter und den Zucker einrühren und die Eier und das Mehl ebenso nacheinander untermischen. Gebutterte Savarinformen füllen und bei 200 °C im Backofen ca. 5–7 Minuten backen. Danach sofort stürzen.

2. Für die Sauce die Sahne aufkochen, die Kuvertüre darin auflösen und das Orangenöl einrühren.

4. Für das Sorbet das Wasser mit Zucker, Kakaopulver und dem Kaffeepulver aufkochen. Die eingeweichte Gelatine unterrühren und die gehackte Schokolade zugeben und auflösen. Die Masse gefrieren.

5. Die Butter mit Glucose und Kakaomasse schmelzen lassen. Das Wasser bei kleiner Hitze zugeben und einrühren. Den Zucker mit Apfelpektin und Kakaopulver vermischen und ebenfalls einrühren. Die Masse so lange einkochen bis sie eine dickflüssige Konsistenz hat. Danach 1 Tag ruhen lassen. Auf eine Silikonbackmatte beliebig dünn auftragen, kurz bei 180 °C backen, sofort lösen und danach möglichst wild formen.

6. Die Schokoladensauce in einen tiefen Teller geben und Savarin, das Sorbet und das knusprige Taschentuch übereinanderschichten. Getrennt dazu Crème fraîche mit Tahiti Vanille servieren und Pop Rocks auf die Eisnocke streuen.

Weiße Schokolade / Himbeeren / Sauerampfer

1. Für den Teig alle Zutaten vorsichtig mit der Hand kneten und mindestens 5 Stunden ruhen lassen. Dann den Teig ausrollen, Förmchen damit auslegen und »blind« backen. Nach dem Erkalten die Tartelette-Form mit weißer Schokolade auspinseln.

2. Das Himbeerpüree aufkochen. Eigelb und Ei mit dem Zucker verrühren, zum Himbeerpüree geben und nochmals kurz aufkochen. In dem warmen Püree die eingeweichte Gelatine auflösen und zum Schluss die Butter einrühren. Die Creme in die Tartelettes streichen und großzügig mit frischen Himbeeren belegen.

3. Die Milch mit Sahne und Eigelb zur Rose abziehen. Die geschmolzene Kuvertüre unterrühren und nach dem Abkühlen die Crème de Cacao und den klein geschnittenen Sauerampfer in die kalte Eismasse geben. Dann in eine Pacojet-Dose füllen und einfrieren. Wichtig: vor dem Benutzen mindestens zweimal pacossieren!

4. Sauerampferöl mit einem Verhältnis von 2 Teilen Rapsöl zu 1 Teil Sauerampfer im Mixer herstellen und passieren. Zu dem Himbeertartelette das Sauerampfereis anrichten und mit dem Sauerampferöl dekorieren.

Für 4 Personen

Tartelette-Teig
(muss fünf Stunden ruhen)
500 g Butter weich
200 g Puderzucker
750 g Mehl
2 Eier
Salz, Tahiti-Vanille, Zucker

Himbeer-Creme
200 g Himbeerpüree
60 g Eigelb
75 g Ei
60 g Zucker
2 Blatt Gelatine
75 g Butter

2 Schalen vollreife frische Himbeeren

Weißes Schokoladen-Sauerampfer-Eis
250 ml Milch
250 ml Sahne
4 Eigelb
150 g geschmolzene Toscano White-Kuvertüre von Amedei
20 ml weiße Crème de Cacao
1 Bund Sauerampfer von ca. 50 g

Rapsöl
Sauerampfer

120

Meyer-Limone / Gurke / Dill

Für 4 Personen

Limonen-Moelleux
Limonencreme für den Kern
50 ml Limonensaft
25 ml Orangensaft
30 g Eigelb
50 g Zucker
1 Blatt Gelatine
50 g Butter

Masse
80 g Zucker
110 g Eigelb
110 g weiche Butter
2 Limettenabriebe
75 g Mandelgrieß
50 g Mehl
150 g Eiweiß
60 g Zucker

Limonen-Dill-Gelee
230 g frisch gepresster Gurkensaft
Limonensaft
Zucker
Limonenabrieb
2 g Agar-Agar
fein gehackter Dill
blanchierte Gurkenstäbchen

Weißes Schokoladen-Eis
250 ml Milch
250 ml Sahne
4 Eigelb
150 g Toscano White-Kuvertüre
von Amedei
20 ml weiße Crème de Cacao
Puderzucker

1. Den Limonen- und Orangensaft mit Eigelb und Zucker aufkochen, die Gelatine zugeben und die Butter einrühren. In eine kleine Kuppel füllen und einfrieren.

2. Den Zucker mit dem Eigelb schaumig schlagen. Die Butter und den Limettenabrieb zugeben und das mit gemahlenen Mandeln gemischte Mehl unterheben. Das Eiweiß mit dem Zucker zu Schnee schlagen und unter die Eigelbmasse arbeiten. Formen buttern, mit der Masse füllen und die Limonenkuppel in die Mitte drücken. Mit der Biskuitmasse bedecken. Bei 190 °C im Backofen ca. 9 Minuten backen.

3. Den Gurkensaft mit Limonensaft, Zucker und Limonenabrieb abschmecken. Mit Agar-Agar aufkochen, sofort passieren und dünn auf ein Blech geben. Schnell fein gehackten Dill aufstreuen. Blanchierte Gurkenstäbchen darin einwickeln.

4. Die Milch mit Sahne und Eigelb zur Rose abziehen. Die geschmolzene Kuvertüre unterrühren und nach dem Abkühlen die Crème de Cacao in die Masse geben. Dann in eine Pacojet-Dose oder eine Eismaschine füllen und einfrieren. Das Limonen-Moelleux mit Puderzucker bestäuben, daneben die Gurkenstäbchen im Limonen-Dill-Gelee setzen und mit einer Nocke weißem Schokoladeneis garnieren.

Araguani-Schokoladen-Riegel

Joghurt / Victoria-Ananas
Gewürzgelee / Maldon Sea Salt

1. Für den Biskuit das Marzipan mit dem Puderzucker und den Eiern aufschlagen. Die Kakaomasse mit der Butter schmelzen und zum Marzipan geben. Alles miteinander verrühren. Das Mehl und das Kakaopulver mischen und einsieben. Das Eiweiß mit dem Zucker zu festem Schnee schlagen und vorsichtig unterheben. Die Biskuitmasse auf eine Backmatte streichen und bei 200 °C ca. 5–7 Minuten backen. Den Biskuit halbieren und auf den gewünschten »Rahmen« zuschneiden, so dass man 2 Böden erhält. Diese mit Crème de Cacao tränken.

2. Eigelb und Ei mit dem Läuterzucker im Wasserbad aufschlagen. Die Kuvertüre schmelzen und zugeben und danach abkühlen lassen. Nun die geschlagene Sahne unterheben.

3. Für den Joghurt die Sahne mit dem Zucker und der Vanille aufkochen, die eingeweichte Gelatine auflösen, den Limonensaft und den Joghurt zugeben und abkühlen lassen.

4. Den Zucker mit Wasser bedecken und ein Karamell kochen. Anschließend mit 400 ml Wasser auffüllen und mit den Gewürzen parfümieren. Den Fond 30 Minuten ziehen lassen und passieren. Mit Schokoladensirup abschmecken und im Verhältnis auf 100 ml Fond 1 Blatt eingeweichte Gelatine geben und darin auflösen.

5. In folgender Reihenfolge anrichten: Biskuit, Araguani-Schokoladencreme, Joghurt-Cremino, Biskuit, Araguani Schokoladencreme, Gewürzgelee. Den Biskuit passend zu einer rechteckigen Tortenform schneiden und die Zutaten wie angegeben einschichten. Zum Schluss mit dem Gewürzgelee vorsichtig überziehen. Die Schnitte mit Ananasragout servieren und obenauf mit etwas Maldon Sea Salt bestreuen.

Für 4 oder mehr Personen

Sacher-Biskuit
220 g Marzipan
70 g Puderzucker
100 g Eigelb
75 g Ei
50 g Kakaomasse 100%
50 g Butter
50 g Mehl
25 g Kakaopulver
125 g Eiweiß
75 g Zucker
Crème de Cacao

Araguani-Schokoladen-Creme
120 g Eigelb
50 g Ei
150 g Läuterzucker*
200 g Araguani-Kuvertüre (Valrhona)
400 g geschlagene Sahne

Joghurt-Cremino
100 ml Sahne
50 g Zucker
1 Tahiti-Vanilleschote
3 Blätter Gelatine
Limonensaft
400 g Natur-Joghurt

Gewürzgelee
100 g Zucker
400 ml Wasser
Sternanis
Nelken
schwarzer Sarawak-Pfeffer
Tahiti-Vanille
½ Zimtstange
Korianderkörner
Schokoladensirup (Monin)
etwa 2 ½–3 Blätter Gelatine
Ananasragout
Maldon Sea Salt

*farbloser, reiner Zuckersirup

124